KB067097

천황은 백제어로 말한다

천황은
백제어로
말한다

일본이 받아들일 수 없는 진실

김용운 지음

〈증보판〉

도서
출판 한얼사

천황은 백제어로 말한다

2009년 9월 17일 초판 1쇄 발행
2021년 6월 17일 증보판 1쇄 발행

지은이 | 김용운
펴낸이 | 강성재
펴낸곳 | 도서출판 한얼사
등   록 | 제318-2009-000050
주   소 | 서울시 영등포구 여의대방로 379 제일빌딩 615호
전   화 | (02)782-6032
전   송 | (02)782-6035
이메일 | asianews2015@naver.com
블로그 | https://www.asiacenet.com

ISBN 979-11-971528-1-8 03730

가깝고도 먼 한국어·일본어

한·일간에는 눈에 보이지 않는 선입견이 깔려 있습니다. 평소 지성적인 사람들도 한·일의 역사·문화에 관해서라면 으레 편가르기를 하는 경향이 있습니다. 가령 한·일어에 다소라도 익숙한 한국인 대부분은 제한된 일부 낱말들의 비슷한 것만을 들먹이며 일본어는 무작정 한국어의 한 갈래라고 우기는데 정작 언제, 어떻게 갈려나간 것인가에 대해서는 별 관심이 없습니다. 또 일본인은 그런 주장을 감정적으로 맞받아치며 특히 일본학계에서는 '한국어는 몇 안 되는 낱말을 제외하면 일본어와 직접적인 관련이 없다'는 것이 정설로 받아들여지고 있습니다.

이 때문에 한·일어의 관계는 수많은 학자의 오랜 노력에도 불구하고 불가지론에 빠지는 것이 고작이었습니다. 어설픈 근대언어학으로 한·일어간의 관련성이 적다고 여겨져 왔지만 이 두 언어는 인도·유럽어 연구에서 시작된 서양언어학의 방법만으로는 도저히 설명할 수 없는 특수한 관계입니다.

BC 4세기에 바다를 건너 일본열도에 정착한 한반도인의 영향으로, 여러 방언으로 뒤섞인 고대의 한반도어가 일본열도 내에 흩어졌습니다. 결국 한반도와 일본열도의 언어는 신라와 백제 두 권력자의 언어에 수렴되어 갔습니다. 그 차이를 상징하는 것이 한글과 일본어의 훈독법입니다.

일본에서는 402년 왕인(王仁)이 온 이래 기시쓰 슈시(鬼室集斯)에 이르기까지 약 300년간 백제문인 학자가 중심이 되어 한자어를 일본어화시키고 만엽문자(万葉仮名 : 일본식 이두), 또는 일본식 한자(훈독체) 등을 창출하여 중국어(한문)의 소화에 힘씀으로써 마침내 유일무이한 일본식 훈독법을 완성시킵니다. 일본에서는 '爲人(위인)'을 '人と爲り^{hi-to-to-na-ri}(사람 됨이)'라 읽는데 외국어를 자국어의 뜻(훈)과 문법으로 섞어 읽는 나라는 전 세계에서 오직 일본뿐입니다. 훈독법에 의해 중국음의 영향은 거의 받지 않고 고유의 음운을 그대로 유지해온 일본어는 지금까지도 고대 이래의 50음으로 방대한 한자어에 대응하고 있습니다. 이것은 기적에 가까운 현상이라고도 할 수 있습니다.

한편 한반도에서도 처음에는 '이두'를 사용하여 고유한국어(한자어가 아닌 한국어) 표기법을 만들어서 신라 문법에 따라 한자로 글을 짓는 등 독자적인 훈독법 정립의 직전까지 도달했었습니다.

그러나 신라는 통일 이후 그런 노력의 결과마저도 버리고 중국화에 전념하여 한문을 중국과 같이 음독(音讀)으로 내리읽기 시작했습니다. 한문을 중국식으로 읽음으로써 고유 한국어에 없었던 중국음도 편입시키게 되었고 음운의 범위는 폭발적으로 늘어나 결국 이두만으로는 감당하지 못하게 되었습니다. 세종대왕의 한글창제는 이와 같이 한자음(중국어음)의 편입에 의해 방대해진 음운에 대응하기 위한 것이기도 했습니다. 이렇게 8세기 이후 한문에 대한 한·일의 태도는 정반대 방향으로 갈라지고 한반도와 일본열도 사이에는 장대한 언어실험과 변환이 시작되었습니다.

이 책에서는 한글이 발명되고 일본식 훈독법이 정착하는, 즉 한국어와 일본어가 별개의 것이 되어가는 과정을 그립니다. 한·일어의 변화과정을 돌아보는 일은 먼 한·일 공통의 조어를 찾는 것과도 같습니다. 이 과정에서 숨겨져 있는 일본 천황의 언어와 천황가 탄생의 비밀도 함께 풀릴 것입니다.

이 책은 전문가가 아닌 사람들이 이해하기 쉽도록 엮었습니다. 고유 한국어(韓語)를 '가라어'라 하였으며, 그에 상응하는 고유 일본어를 '야마토어'라 하였습니다. 본문을 읽는 동안 기회가 있을 때마다 한자어가 아닌 한국 고유어(가라어)와 일본 고유어(야마토어)를 하나의 시야에서 보는 일에 익숙해지도록 주를 달아 서로 같거나 비슷하게 바뀌며 대응하는 낱말 사이의 관계를 설명했습니다. 한국어·일본어의 낱말 대응관계에서 예를 들면 'k-h'와 같은 기호는 'k와 h가 교체된다'는 뜻입니다. 그러나 본문의 흐름을 방해하게 되는 상세한 부분에 대해서는 제4장에서 정리해서 설명했습니다. 쉽게 납득할 수 없는 부분이 있다면 건너뛰고 읽어도 뒤에서 찬찬히 이해할 수 있을 것입니다.

그리고 마지막으로 1000년 동안 아무도 읽을 수 없었던 일본학계 최대의 수수께끼의 시를 해독함으로써 고대 한반도어와 일본열도어의 언어상황을 밝혀냅니다. 이 시는 일본어가 백제어가 되기 이전의 것으로 신라어도 섞여 있어 아무도 읽지 못했던 것입니다. 이상의 내용은 필자가 처음으로 밝혀냈다고 자부하지만 독자 여러분의 많은 비평을 기대하고 있습니다.

저자 김용운

차례

II. 백제 색으로 물들어가는 일본

Ⅲ. 일본어는 백제어로부터 발달했다

Ⅳ. 한자의 개입이 한국어와 일본어를 나누었다

I

한·일어는
하나의 언어권이다

Ⅰ-1. 일본열도의 탄생

일본열도에 한반도인이 나타난다

이제부터 하게 될 이야기는 아직 '일본' 이라는 나라 이름이 없었던 시절의 일본열도인과 한반도인의 교류에 관한 역사입니다. 우선 한국인과 일본인의 탄생을 간단히 스케치해 봅시다.

수 만년 전까지 일본열도는 중국대륙과 이어져 있었습니다. BC 약 1만년 전에 중국대륙의 동쪽 끝의 가장자리 부분이 떨어져 나가면서 한반도와 일본열도가 형성되었습니다. BC 4세기 경까지 약 1 만년 동안 이어진 일본 조몬(繩文)*시대의 구성원은 시베리아·바이칼호 부근에서 남하하여 한반도를 경유해서 일본열도로 이동한 '고(古) 몽골로이드' 라 불리는 사람의 후손들이었습니다.

일본에서 가장 오래된 토기는 조몬토기입니다. 토기를 사용한 기원전 10 세기~4 세기 경까지를 조몬시대라고 합니다만 이 시기는 일본의 신석기 시대와도 겹칩니다.

기원전 4세기~3세기에는 벼농사 기술을 지닌 한반도인들이 대거 일본열도로 건너가 개척을 시작하고 야요이(弥生) 시대가 되었습니다. 마침 이 시기는 중국대륙의 전국시대 말, 또는 진·한(秦漢)의 교체기와 겹쳐 있어 전쟁의 피해를 피하기 위해 많은 인구이동이 있었습니다. 『위지』 등 중국고문헌에 의하면 한반도 남부에는 진국(辰國)이 있었고 그 속에서 삼한, 즉 마한·진한·변한이 파생되었으며 거기에서 백제·신라·가야가 탄생합니다(『삼국지』). 특

*조몬(繩文): 일본열도의 신석기 시대(BC10,000~BC300)를 조몬(繩文)시대라고 한다. 이 무렵 일본열도의 원주민은 새끼줄 무늬의 토기를 사용하고 수렵 중심의 생활을 일삼았다. '조몬(繩文)'이란 '줄무늬'로 이 시대 토기의 표면에 새끼줄과 같은 줄무늬가 새겨져 있다고 해서 나온 말이다.

야요이 시대의 토기   조몬시대의 토기   빗살무늬 토기(한국 신석기 시대 토기)

히 진한 사람들은 만리장성(萬里長城)의 노역을 피해 중국 진 나라에서 온 망명자들이었으며 마한으로부터 땅을 물려받았다고 합니다. (『삼국유사』) 그러나 왕은 늘 마한사람이었습니다. 마한은 54국, 진한·변한은 각각 12국으로 마한이 압도적인 대국이었습니다. 이에 관한 기록이 「梁書 신라전」에도 남아 있습니다.

"진한 왕은 마한사람이 된다………."

한반도로부터 많은 민족이동이 있었던 야요이(弥生) 시대(BC 3c~AD 4c)*는 일본열도의 농업혁명기로 각지에 농경사회가 형성되었으며 특히 후기에는 철기가 널리 사용되었고 새로운 문명의 단계에 들어선 것입니다. 한반도에 가까운 규슈 북부에서는 이 시기에 벼농사가 시작되어 약 200년 후에는 일본열도 동북부까지 전해집니다.

야요이 문화와 조몬 문화는 전혀 달랐습니다. 조몬 문화는 채집과 수렵을 중심으로 자연에 대한 경외심이 많았으며 특히 토기는 애니미즘적인 분위기가 나는 것이었습니다. 한편 야요이 토기에서는 밝은 분위기가 나고 스스로 식량을 생산하는 농민의 자신감이 느껴집니다. 문화는 인구에 비례하는 것이 아니라 오히려 우(강)·열(약)에 의해 정해집니다. 한반도에서 일본으로 건너간 새로운 문

삼국지

*야요이(弥生) : BC 300~AD 200년은 야요이(弥生) 시대로 한반도에서 건너간 민무늬토기를 사용하는 벼농사 민족이 지석묘(고인돌) 문화를 전한다. 이들은 철과 청동기를 사용했으며,'야요이'란 도쿄의 야요이지구에서 발견된 민무늬토기에서 나온 말로 조몬토기와는 전혀 다르게 무늬가 없다.

명은 금속과 농업기술을 갖춘 것으로 석기를 사용하고 채집생활을 하던 조몬인의 것과는 비교할 수 없을 정도로 선진적이어서 야요이인은 금새 조몬인을 압도하였고, 조몬어는 불과 몇 개의 단어만을 남기고 야요이어에 흡수되고 말았습니다.

고 몽골로이드의 흔적

부산시 동삼동 패총은 5천년 전의 것입니다. 지금은 작은 박물관도 있습니다만 10여년 전만 해도 게시판 밖에 없어서 그저 흔히 있는 쓰레기장으로 보일 뿐 옆을 지나더라도 아무도 그곳이 중요한 역사적 의미를 지닌 곳인 줄 몰랐습니다.

사실 그곳은 5천년 전에 한반도와 일본열도를 잇는 끈이 되었던 땅입니다. 그곳에서는 일본 규슈(九州)에서 만들어진 것으로 보이는 조몬토기와 아리타(有田)의 흑요석 등이 출토되고 있습니다. 흑요석은 화산지대에서 얻을 수 있는 것으로 끝이 뾰족해서 고대의 중요한 생활용품으로 쓰였고 무기로도 사용되는 중요 교역품이었습니다.

흑요석은 백두산에서도 얻을 수 있었지만 패총에서 출토된 것이 규슈산인 것으로 보아 육지로 이어진 백두산보다 바다를 건너더라도 규슈 북부(北九州) 쪽과 더 가까이 교류했음을 시사합니다. 반대로 대마도와 규슈 북부의 유적에서는 당시의 한반도산 토기가 출토되고 있습니다. 5천년 전 부산 동삼동 주민의 배는 기껏해야 통나무 배 혹은 뗏목 정도였음에도 이들은 일본열도와 활발하게 교류했던 것입니다.

그후 새로운 민족이동으로 그들의 흔적은 없어집니다. '지명은 쉽게 변치 않는다' 는 것이 언어학의 상식인데 과연 이 고(古) 몽골로이드*의 낱말이 지명 등에 남지 않았을까 궁금했습니다.

*고(古) 몽골로이드 : 2만년 ~3만년 전에 시베리아 바이칼호 부근에 거주했던 현 몽골로이드 이전의 민족집단이다. 현 몽골로이드와는 전혀 다른 이 집단은 시베리아에서 남하하여 한반도를 거쳐 일본열도가 분리되기 이전에 열도로 건너간 것으로 일본열도 원주민인 조몬인(縄文人)의 조상으로 간주된다. 현재 홋카이도에 집단 거주한 아이누인은 이들의 한 갈래로 보인다.

아이누어와 한 · 일어의 관계

10년 전 저는 아이누의 옛 고장인 일본 동북지방에 있는 야마가타 (山形) 현 「よねさわ(米沢)」 역에서 그 지명을 해설한 표찰을 보고 가벼운 놀람을 느꼈습니다. 거기에는 아이누어 「ゆね」 가 변하여 「よね」 가 되었다고 씌어있었는데 제가 놀란 것은 「ゆね」 가 온천을 뜻하는 「ゆ(湯)」 와 강을 뜻하는 「ね(川)」 의 합성어라는 대목이었습니다. 우리도 시골 마을 앞을 흐르는 것을 '새끼 내(시내)' 라고 하는데 이 '내(川)' 와 아이누어 「ね(川)」 가 완전히 일치하는 것입니다.

10세기 경까지도 아이누인이 집단 거주했던 동북지방에는 「よねさわ(米沢)」 이외에도 「沼宮內, 庄內」 등의 지명이 많습니다. 일본원주민들은 「內」 를 「ね」 라 읽고도 있었으므로 역시 아이누어 「ね(川)」 를 뜻하지만 이것은 가라어 '내(川)' 이기도 합니다. 필자는 한국어에도 아이누어의 흔적이 남아있다는 사실에 충격을 받았습니다. 홋카이도 대학의 아이누어 권위자 사이토 지키(佐藤知己) 교수에게도 가르침을 받아 아이누인의 서사시(유칼라)에 대한 강의도 들었습니다. 일본어와 아이누어에 관한 책을 몇 권 읽게 되었는데 그 책들이 지적하는 아이누어와 관련된 일본어 낱말만큼이나 많은 수의 가라어 낱말이 아이누어와 같게 대응함을 발견했습니다.

특히 tup, tus와 같이 p, s, t, m, n 등의 뒤에 모음이 이어지지 않는 경우도 있습니다. 이것은 한국어 받침과 동일한 것으로 오히

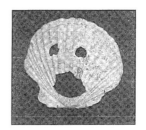

동삼동 패총의 가면 : 일본에도 비슷한 것이 있다.

흑요석

려 한국어가 일본어보다도 아이누어에 가깝다고 조차 말할 수 있을 정도입니다.

가령 대표적인 것을 보면 아래와 같습니다.

일본어	ka-mi 神	ka-wa 川	hi-to 人	a 吾	hi-ra-ku ひらく (開)	hi-yu sa-mu-i ひゆ , さむい (寒)	mo-ri mi-ne 森 , 峰	……
아이누어	kamui	nai	samo	a	bira	chamusi	muy	……
가라어	감, 곰(古)	내	사람	나	벌(리다)	춥(다)	뫼	……

이다누인과 아이누인의 춤

이 사실은 한반도와 일본 열도가 나뉘어 진 1만년 전에 는 조몬인의 선조에 해당하 는 사람들(고 몽골로이드)이 한반도에서 일 본열도로 이동 하면서 한·일 양 지역에 거 의 같은 양의 낱말을 남기고 갔음을 시사하 고 있습니다. 현재도 일본

아이누인의 주거지

아키타견 : 아키타견은 진돗개와 같은 계열이다.

아이누견 : 홋카이도 아이누견은 곰 사냥에도 이용된다.

최북단의 홋카이도(北海道)에는 소수의 아이누인이 살고 있습니다. 다만 그 이외의 지역에서는 아이누인을 거의 볼 수 없고 메이지유신(明治維新) 이후 본토인이 동북쪽 홋카이도로 이주되면서 그들은 급격히 줄어들었습니다*.

　그렇다면 일본에는 미미하게나마 아이누인이 살고 있는데 왜 한국에는 없을까요. 일본열도에는 홋카이도와 같이 근래까지 본토인이 접근하지 못했던 지역이 있지만 한국에는 그런 곳이 없습니다. 한국에 있던 아이누어를 사용하던 사람들은 대부분 뒤늦게 한반도로 흘러 들어온 남·북방계의 외래민에게 융합된 것입니다.

　일본인과 한국인은 대부분 몽고반점을 갖고 태어나지만 순수 아이누인에게는 없습니다. 그러나 본토인의 이주가 시작된 지 약 30년(한 세대)이 지난 후에 조사해보니 그후 출생한 아이누인의

*사람에게 가장 가까운 동물 개의 운명도 민족이동과 흡사하다. 다나베(田名部雄一) 교수는 1만년 이상 전부터 개와 더불어 살아온 인간이 개와 함께 이동했음을 밝혔다. 즉 현재 일본열도에 서식하고 있는 개는 한반도의 개와 같은 종류이며 유일하게 홋카이도견만이 토종견임을 확인했다.

*6세기 경 일본 고대문헌에는 아이누인을 「에미시(emisi)」라 기록하고 있으며「蝦夷」라는 한자로 표기한다.'옛 사람'은 가라어로 '엔시'라 하였다. 「옛시(古)+시(人)= 엔시」가 된 것을 생각하면 고대 일본어「시(し)」가 '사람'이었음을 알 수 있다. 「시(し)」는 한국어 아버지의'지', 벼슬아치의 '치'에 대응한다.

옛시+시 - 옛시 - 엔시 ensi - emsi 예므시 - emisi 에미시
n - m 「시(し)」가'사람'이라면 「에미시(emisi)」의 '에미'는 '옛'과 같으므로 '원래의' 라는 뜻이다. 따라서 에미시는 '原人'이라는 뜻이다. 열도에 건너간 한반도인(야요이인)은 일본열도에 있던 아이누인을 '원주민'이라는 뜻으로 그렇게 부른 것 같다.

45%가 몽고반점을 갖게 되었다고 합니다. 이는 아이누인*이 본토인에게 얼마나 빨리 동화했는지를 보여주는 좋은 예입니다.

아이누어와 한·일어

전세계의 언어는 크게 교착어, 포합어, 굴절어, 고립어의 4가지로 나눌 수 있다.

그 중에서 한국어와 일본어는 조사로 단어와 단어 사이를 이어 붙이는 교착어이며, 명사·동사에 인칭(人稱)이 붙는 아이누어, 아메리칸 인디언어, 바스크어와 같은 포합어(抱合)나 중국어와 같이 조사를 사용하지 않고 단어만을 나열하는 고립어와는 전혀 다른 언어이다. 그러나 낱말을 중심으로 볼 때 아이누의 흔적이 남아있다는 뜻이다.

또한 현재의 영어는 성(性)과 시제에 따라 어미가 변하는 굴절어(屈折語)로 포합어인 인디언어와는 다르다. 그러나 '오클라호마', '토마토' 등 특히 지명이나 식물이름 등에는 적지 않은 인디언어가 남아있다.

한반도에 들어온 인종들
남방계의 등장

기원전 6세기 경 원래 양쯔강 하구 부근에 있던 사람들이 중국 연안을 따라 북상하여 산동반도 부근에서 한반도 서해안으로 이동하였고 벼농사에 알맞은 땅을 찾아 남하하였습니다. 곧 그들은 가라족(韓族)이 되었고 그중 일부가 또다시 능숙한 솜씨로 배를 타고 일본열도로 건너가 야요이 문화를 일으킨 왜(倭)인이 됩니다.

그들의 이동경로인 한반도 서해안과 남해안, 일본 규슈 북부지역에는 고인돌(지석묘)이 많이 남아 있습니다. 일본열도 원주민(조몬인)의 일부는 한반도에서 건너온 세력인 왜인(야요이인)과도 섞

이지만 왜인(야요이)이 일방적으로 우세하여 결국 원주민(조몬인)은 모습을 감추게 되었습니다.

3세기 경 한반도 남부(주로 가야)와 대마도, 이기(一岐), 규슈 북부 일대에는 한·왜*의 공동문화권이 형성됩니다. 심지어 12세기 중반까지도 대마도 말은 주로 한반도 남부에서 사용되던 가라어와 같았다고 합니다. 따라서 한·왜 연합지역 일대의 언어·풍습은 거의 가야와 다르지 않았을 것입니다.

북방계의 등장

요하(遼河)와 평양(대동강)에 걸친 고조선이 형성되어 중국인에게 그 존재가 알려진 것은 BC 4세기(BC233~BC108)의 일로 그 건국은 단군신화에 반영되어 있습니다. 그후 부여계의 기마민족이 남하하는데 루트는 크게 2가지로 갈립니다.

기마민족의 주류인 고구려는 농안(農安)에서 환인(桓仁)을 거쳐

북방계기마상(신라 가마무인상) : 뒤에 기마민족의 상징인 냄비 kettle가 있다

압록강 북부의 집안에 수도를 정합니다. 그 세력의 일부가 남하하여 한강 이남에 진(辰)국을 세우고 그 영역에 곧 바로 마한, 진한, 변한이 파생되었는데 이것이 첫 번째 서쪽 루트입니다.

이와는 별개로 기마민족의 일부는 두만강 하

*현 일본인의 조상인 왜(倭)인(야요이인)은 주로 남방계 가라족이다. (처음에는 주로 남방계였으나 일부 북방계도 섞여 있었으며 시대가 내려오면서 점점 혼합이 심해지고 남북의 계열을 나눌 수 없게 됨)

사이고 타카모리   돌하르방
둘 다 남방계로 얼굴이 닮았다.

이타가키 다이스케(板垣退助)
조슈(長州) 출신 이타가키 다이스케(板垣退助) 일본 육군의 대부로, 전형적인 북방계이다.

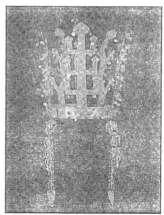

백제계 왕관   신라 왕관

구에서 한반도 동해안을 따라 남하하는데 이것이 두 번째 동쪽 루트라고 할 수 있습니다. 이 일대는 섬이 거의 없고 산지가 해안에 가까워 대량으로 이동하기에는 힘든 조건을 지녔습니다. 동해안을 따라 남하한 무리는 경상도 영일만으로 들어가 경주평야로 진출하여 진한지역에서 왕조를 만드는데 이것이 후일의 신라왕조의 기반입니다.

신라의 왕관*은 서남해안의 백제, 가야 등의 皿자형(수목형) 과는 다르게 시베리아 샤먼의 것과 같은 出자 형태로 한반도의 서쪽과 동쪽은 다른 문화권이었음을 시사하고 있습니다.

그 동안 끊임없이 주로 동북부(만주) 대륙에서 한반도 방향으로 민족이동이 있었습니다. 즉, 북방에서 내려온 신 세력은 각각 마한 · 변한 · 진한을 흡수하고 그 위에 백제 · 가야 · 신라 왕국이 세워진 것입니다. 이처럼 선점하고 있던 남방계에 북방계가 혼합된 한족은 계속해서 북쪽에서 내려오는 세력에 지배권을 내어주고 혼합되기를 반복하면서 일본열도에까지 영향을 미쳤습니다.

*중국인은 「위지」 「동이전」에 등장하는 종족이다. 만리장성(長城)의 동쪽에 거주하는 만주족, 한족, 일본인 등을 동이족(동녘에 사는 오랑캐)'이라 불렀다.

왼쪽은 북방계이고 오른쪽 사진은 남방계이다.

고인돌은 주로 한반도 서해안을 중심으로 발달하였고 이것이 남해안과 일본열도의 규슈북부 지역에만 전파되었다. 북방식 고인돌은 탁자모양이다.

*'알타이'는 서 시베리아와 몽고 사이에 놓인 남북으로 뻗어있는 산맥의 이름이며 본래 '금' 이라는 뜻으로 한국에 가장 많은 성씨 '김(金)'은 본래 '알타이' 였다. 저를 언어학에 눈 뜨게 해주신 김선기 선생은 늘 김수로(金首露)왕의 본래 이름은 '알티 마로' 라 하였던 생각이 난다. 알타이어란 그 산맥의 동녘에 있는 몽고, 만주, 퉁구스(東胡) 등에서 쓰는 언어의 총칭이다.

*배의 조어는 '해리'인 것으로 생각된다.

언어 면에서 보면 이 시기 한반도 각지의 언어는 방언 정도의 차이가 있었습니다. 그러나 지배층은 언제나 알타이어* 계통의 북방계 부여어를 쓰며 남방계 한족의 언어를 흡수했던 것으로 생각됩니다.

통나무 배를 띄우면 일본에 도착했다

최근 후쿠오카(福岡)시 가까운 곳에서 기원전 3세기 경의 준(準) 구조선이 발굴되었다는 신문기사를 보고 현지 박물관을 견학했습니다. 박물관 복도에는 길이 5미터, 폭 1.5미터, 두께 3센티 정도의 배*가 진열되어 있었습니다. 이 배는 수송 기능을 강화시킨 10인승 정도의 준 구조선이었는데 더 이상 사용할 수 없게 된 배를 해체하여 판자를 덧댄 형태의 노 젓기 배였습니다. 이 정도의 배로도 현해탄을 건너거나 때로는 평양 부근까지 발을 뻗곤 했던 것입니다. 동시대의 것으로 보이는 한반도에서 발굴된 토우(흙으로 만든 배 모형)와 비교해보면 당시의 한반도와 일본열도의 조선기술은 같은 수준이었음을 알 수 있습니다. 그들은 얼마나 절실한 이유가 있었기에 그 작은 배로 거칠고 드넓은 바다로 나서게 되었는지 궁금하기도 합니다.

준 구조선

　　야마구치(山口)현 시모노세키(下関) 근처 유적에 있는 일본에
서 가장 오래된 묘지에서는 많은 인골이 발굴되었는데 이들은 모두
머리가 서북, 즉 고향인 한반도를 향해 있었습니다. 이 인골들은 야
요이 초기(BC 1세기)의 것으로 추측되는데 머리를 한반도 방향으
로 눕혔다는 것은 그들의 고향이 한반도임을 간접적으로 보여주는
것이며 인간에게 고향이 얼마나 중요한지를 말하고 있습니다. 야요
이인들은 작은 배로 태양과 별을 따라 항해하였고 일본열도로 건너
간 후에도 고향을 잊은 적이 없었던 것입니다. 그들은 이미 남방계
와 북방계가 융합된 야요이어를 사용했던 것으로 생각됩니다.

　　　　　　　　kara から 殻, 콩껍질과 밀껍질은 열매가 들어있는 배입니다.

　　　　　　　　　┌── │ h-k

　　　　　　　　　│　 hara – huna ふな – hune(ふね) 船　* h-f

해리 haeri　　　│　 │

　　　　　　　　　│　 hera へら

　　　　　　　　　└── *일본에서는 배(船)를 「ふな(huna)」 라고도 합니다. 例：船人

　　　　　　　　　　　 [hunabito ふなびと]

　　　　　　　　　　　 배(船) – 해(he へ)

　　　　　　　　　　　 * 일본어에서도 배를 「へ」 라고 하는 경우가 있음.

토우 배 : 고대 한반도의 토우 배

　　　　　　　　　　 예: 船先(へさき), 船綱(へづな)

I−2. 일본어의 기초어

한반도인과 일본 농업에 관한 낱말

조몬인의 정체는 분명치 않으나 현재 홋카이도에 거주하고 있는 아이누인의 조상이라는 설이 유력합니다. 그러나 분명한 것은 오늘날의 일본어는 조몬어도 아이누어도 아니라는 것입니다. 일본어의 기원에 대해 도쿄대학교 고(故) 오노(大野普) 교수는 멀리 인도대륙 남단에서 파생된 타밀어 설을 주장했습니다(『일본어 이전』). 그들이 인도에서 멀리 일본열도로까지 이동해왔다는 것입니다.

야요이 시대의 건물

조선왕조 말기(1908) 서울에 온 선교사 헐버트(Homer B. Hulbert) 또한 한반도어의 기원이 남방계 언어인 타밀어라 주장했습니다. 다양한 요소가 포함된 한국어는 보는 각도에 따라 여러 가지 기원설이 나올 수 있습니다. 오노 교수가 일본어와 관련이 있다고 본 타밀어는 대부분 가라어와도 관련이 있습니다. 특히 농업에 관련된 것은 일본어보다 오히려 가라어가 옛 타밀어와 더 가깝게 느껴지기도 합니다.

	타밀어	가라어	야마토어
粢	citoi	시루떡 … sirutoku	しとぎ sitogi
田	pat-akar	밭 … bat	はた hata
栗	tig-ai	꿀밤 … kurubam	くり kuri
畦	kur-ampu	구렁 … kurong	くろ kuro
稲	tug-ai	뉘 … nie	いね ine

한국의 솟대

일본의 솟대 : '새'는 영혼을 하늘로 인도하는 신성한 것이어서 긴 장대 끝에 새를 조각한 솟대를 세웠다. 고대 한·일에서는 마을 입구에 솟대를 세우곤 했다.

지정학적으로나 당시의 항해술로 볼 때 일본에 농업혁명을 일으킬 만큼 많은 사람들이 타밀에서 직접 일본열도로 건너갔다는 것은 생각할 수 없습니다. AD 10세기에 실제로 일본 남부의 섬 오키나와(沖繩)와 대만의 벼농사는 규슈에서 남하했다는 사실이 학술적으로 밝혀졌습니다. 일본열도 동북지방으로 가는데 불과 2백년 정도 밖에 안 걸리는 것에 비교하면 벼농사문화의 해양이동이 얼마나 어려운가를 알 수 있습니다.

타밀어는 우선 양쯔강 하구 지역에 정착한 후 중국대륙 해안을 따라 북상하였고 한반도에 건너온 후 야요이시대에 일본으로 건너간 것으로 생각하는 것이 타당합니다.

고대에는 지금과 같은 국경이 없어 언어는 우수한 문화와 함께 각 지역으로 확산되어간 것입니다. 농업에 관한 단어뿐만 아니라 중요한 문화어도 마찬가지입니다.

	타밀어	가라어	야마토어
上	ur-an	위 ui	うえ ue
祭	mat-u	맞이 maji(신을)맞이하다	まつる matsuru
神	kam an	감 kamu(古)	かみ kami
銅	kan	구리 kuri	かね kane

야요이시대(BC 3C~AD 3C)는 바다를 건너간 한반도인의 농토개발에 의해 그 이전까지는 볼 수 없었던 농작물을 기르는 논밭이나 마을이 출현하는 등 일본열도의 풍경은 크게 변했으며 그로 인해 새로운 문화가 탄생하게 되었습니다.

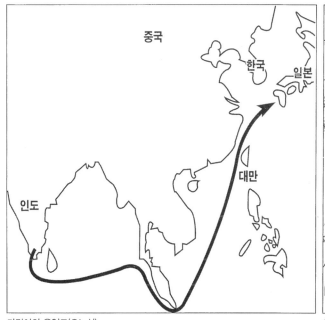

타밀어의 유입도(오노설)

〈벼농사 유입도 (오니신「일본의 기원」)〉

남한어는 고대 일본어의 기초어

일본에서는 '韓, 駕洛, 唐, 辛' 등의 한자를 모두 「から」라고 읽습니다. 한반도 전체를 「から」라고도 합니다만 이것은 낙동강 유역을 지배한 가라(伽羅)국에서 유래된 이름입니다. 현재 부산공항이 세워진 가라국이 있던 지역에는 금관가야, 대가야(현 고령), 소가야(현 고성), 아라가야(현 함안), 성산가야(현 성주) 등 여러 '가야(伽倻)'가 있었습니다. 가야는 '가라' 이자 '나라(國)'라는 뜻이기도 했습니다.

　　　가라 kara – kona – kuni くに 国

　　　　모음변화　·모음변화: 모음간에서는 서로 쉽게 변화함.

한·일의 역사를 하나의 시야에서 볼 때 가장 중요한 지역이 가

*황국사관- 모든 역사, 문화를 천황이나 일본중심으로 생각하는 것. 가야를 포함한 한반도 문화도 일본이 전했다고 하는 사고방식으로 일본 식민지 시대에 널리 보급되었습니다.

야입니다. 그럼에도 불구하고 한국의 정사 『삼국사기』 에는 가야에 관한 기록이 거의 없습니다. 또한 일본에서는 옛날 황국사관*에 의해 조상이 가야출신임을 숨기고자, 가야가 일본식민지였다는 임나일본부설 등을 내세우며 신화로 역사를 조작하여 제철기술 등으로 이룩한 독자적인 가야문화권을 무시하고 있습니다. 가야는 한·일 양국으로부터 부당하게 다뤄져 온 땅인 것입니다.

앞서 설명했다시피 원래 대부분의 가야인은 중국 산동반도 부근에서 황해를 건너 남한에 정착한 남방계 벼농사민입니다. 낙동강 하류지역은 물이 풍부하고 따뜻해서 기원전 8세기 경의 벼농사 유적도 출토되었습니다. 그러나 AD 1세기 경에 북방계의 김수로 세력에 우두머리 자리를 내어주면서 보다 강력한 가야왕조가 발흥합니다. 철기도 보급되어 2~3세기에는 금관가야를 중심으로 가야연합이 형성되었습니다만 신천지 개척을 위해 주요 세력이 일본열도로 건너간 것을 계기로 4세기 말~5세기 초에 걸쳐서 몰락하기 시작하여 6세기 후반에는 신라와 백제에 반씩 병합됩니다.

고대어 권위자인 김사엽(金思燁) 교수의 설에 따르면 고구려어로 강(川)은 '가비' 또는 '가람' 으로 일본어의 강 「かわ」 와 뿌리가 같습니다. 한·일어에서는 b와 r이 쉽게 교체됩니다.

가비 kabi - kara 가라

그러나 저는 가라국을 '川國' 이라고 하는 김사엽 교수의 설과는 달리 '가' 는 中(가운데), '라' 는 土地의 의미가 있기 때문에 '가라' 는 일본의 「なかつくに(중앙의 나라)」 와 같은 뜻에서 유래된 것으로 생각하고 있습니다. 대륙인 중국도 그렇습니다만 어느 민족에나 자신의 나라를 세계의 중심으로 여기는 경향이 있습니다. 심지어 오키나와도 일본에 흡수되기 전 한·중·일의 한가운데에 있는 문명국으로 자부하고 있었습니다. 마찬가지로 『고사기』에서도 '천손을 일본땅에 내릴 때 세상의 가장 중심에 내렸다' 고 하는 「豊葦原中国(비옥한 땅의 세계의 중심)」 라는 말을 하고 있습니다. 고대 한반도어에는 「國」을 나타내는 말로 가야·백제어인 「가라(韓)」와 신라어인 「나라」의 2가지가 있었습니다. 일본열도에서는 가야계의 「くに」가 먼저 정착하여 지금도 「くに」 를 쓰고 오늘날 한국에서는 신라계의 「나라」 를 사용하게 되었습니다. 일본열도의 중심 기내(畿内 나라·교토·오사카지역)에 처음 왕권을 확립한 것은 가야계였습니다. 후에 신라계 호족 모노노베(物部)씨 등에 의해 유입된 신라어 「나라」 는 오늘날 지명 「奈良」 로 밖에 남지 않았습니다(AD 3세기). 아마도 처음에 「奈良」 는 일본을 건국한 곳으로 「國」 의 뜻으로 사용했으나 「くに」 라는 말과 교대한 것으로 추측됩니다.

Ⅰ-3. 고대의 일본

일본어의 시점

한반도 특히 남부의 삼한, 백제, 가야, 신라 등에 북방계 정복왕조가 성립될 때마다 그 여파는 시간차를 두고 일본열도에까지 도달하였습니다. 그리고 그때마다 한반도와 일본열도에는 지배계급과 피지배계급간의 언어 차이를 메우기 위해 새로운 혼합이 발생하게 된 것입니다. 이같은 현상은 7세기 663년, 신라·당 연합군과 백제·왜 연합군의 백강(백마강 하구) 전투로 한반도와 일본열도가 정치적으로 완전히 분단되기 전까지 간헐적으로 계속되었습니다.

한편 일본열도에는 한반도에서 건너간 여러 부족이 여기저기 흩어져 있었습니다. 『일본서기』에는 4세기 일본어가 백제어에 수렴되기 이전의 언어상황에 대해 다음과 같이 기록하고 있습니다.

"언어풍습이 다른 사람들은 몇 번이나 통역을 거듭하여*겨우 수도(기내지방)의 말에 이른다"「崇神紀」.

그 시절 일본열도 각지에 있었던 언어와 풍습은 그후 모두 수도의 것으로 수렴되어 통합된 일본어가 성립되어 갔음을 시사하는 내용입니다.

그후 7세기 초 왜왕조의 쇼토쿠태자(聖德太子)에 관해 "10명이 하는 말을 분별하여 한꺼번에 알아들을 수 있었다" 는 기록이 있습니다만 이것은 10개의 언어(방언*)를 이해했다는 뜻으로 풀이할 수 있습니다. 일본열도의 언어가 통합되기 위해서는 통일정권의 성립

*갓 gasu-kasa-kasaneru かさねる(重:거듭하다) 갓은 '머리 위에 겹치다' 는 의미로 그것이 동사화했다.

*필자는 방언이란 문법은 완전히 같고 낱말에 차이가 있는 것으로 생각한다. 오늘날에도 제주어와 함경도어에는 상당한 낱말 차이가 있지만 문법은 같다. 그런 의미에서 일본어는 한국어의 방언이라 할 수도 있다. 그렇지만 당연히 일본인은 한국어가 일본어의 방언이라 하겠다.

과 문자가 필요했기 때문에 새롭게 통일된 일본어가 문자(한자)를 독점한 지배계급의 것이 되었음은 당연한 일이었습니다.

4세기 이후 일본에서는 백제계가 권력의 중심이었으므로 백제 어는 기내(교토·오사카·나라 일대)를 중심으로 관청에서 사용하는 언어가 되었고 그 이외의 언어는 각 지역으로 흩어져 방언(사투리)으로 남았습니다. 그런 열악한 상황에서도 10세기 경까지 일본 동북지역에는 전혀 다른 말을 가진 아이누족이 중앙세력에 조직적으로 대항하며 쉽게 사라지지는 않았습니다.

한반도는 통일신라 이후 중앙집권체제였으므로 비교적 빠르게 언어통일을 할 수 있었습니다만 일본은 19세기 후반까지 각지에서 지방호족들이 그 세력을 자랑하여 그들의 말을 그대로 유지하는 경향이 강했습니다. 근세(18세기)까지도 각 지방의 수장들은 에도성(지금의 동경 황거)에서는 통역을 통해 대화했다고 합니다. 지금도 일본은 지역 방언만으로 대화를 하면 서로가 알아들을 수 없습니다. 현재 사용되고 있는 일본의 표준어는 불과 약 130년 전에 도쿠가와 막부 직속 무사들의 말을 중심으로 1868년 메이지유신(明治維新) 이후 문교부가 만들고 NHK가 방송으로 보급하고 있는 인공 언어인 것입니다.

집단과 우리

벼농사는 수리시설을 마련하고 모를 심고 풀을 밟는 등 수확까지 집단으로 하는 계통적인 직업이며 필연적으로 대가족제가 필요합니다. 가족은 같은 울타리 안에서 함께 살게 됩니다.

한·일어는 공통적으로 주어가 애매하게 하거나 때로는 말하지 않을 때도 있습니다. 한 · 일의 마을구성원은 오랫동안 같이 살아온 경우가 대부분이며 사람들 사이에서는 '그것' 이라는 말 하나로 모두 통하는 폐쇄적인 농촌사회이기도 했습니다. 이를 잘 나타낸 우스갯소리가 있습니다.

한국의 외딴 시골 어느 마을에서 결혼식 사회를 본 이장님의 인사말: "이번에 우리 마을 거시기의 거시기와 거시기의 거시기가 거시기하게 되었습니다." 좁은 마을에서 오랫동안 살다 보면 이런 일이 가능한 것입니다. 한국인이나 일본인들은 가까운 사이에는 거시기도 필요없이 '밥 먹었다', '학교에 간다' 고 하는 것만으로 통합니다. 공동작업을 하는 한 · 일 농촌사회에서는 안과 밖의 구별도 불확실했기 때문에 언어에도 그러한 경향이 반영되어 한국어에서는 자주 공동체를 뜻하는 '우리' 라는 말을 씁니다. 그러나 늘 사방을 돌아다니는 유목민의 후예인 서구사람들은 '우리 아내' 라는 말을 들으면 여러 남자가 한 명의 아내를 공유하고 있는 듯이 느낀다고 합니다. 중학교에서 처음 영어를 배우기 시작했을 때 일일이 I, You 등의 대명사를 일일이 붙이는 것이 우스꽝스럽게 느껴졌던 기억이 있습니다. 특히 '그녀(She)' 라는 단어는 애인을 가리킬 때에만 쓰는 것이라고 여기고 있었기에 그런 기분이 더했습니다. 이처럼 인식의 차이가 있기 때문에 '우리 아내' 를 있는 그대로 번역하는 것이 아니라 일본어와 같이 'うち(우리 집)' 라고 하면 자연스럽습니다. 일본에서는 '우리' 대신에 'うち(內)' 라는 단어를 쓰는데 「內の妻(우리 아내)」 에서의 「うち(內)」 는 '우리 집' 이라는 뜻으로 쓰인 것입니다. 이와 같이 한국어 '우리' 와 일본어 'うち(內)' 는 어원과 쓰임새가 완전히 같습니다.

[우리]

울타리가 더 넓어지면 마을, 고을, 서울과 같이 커진다.

울⊂마을(村)⊂고을(村郡)⊂서울(首都)⊂나을(奈乙), 신라어 나라

    마을 mauru – mura むら(村)
               – machi まち(町)

마을은 무리지어 사는 곳이다.

    무리 muri – mure むれ(群)

'울' 은 일본어로는 「垣」 로 「うち(內)」와 관련이 있다. 「垣」 는 가라어 '가리(다)' 와 대응한다.

    가리 kari – kaki

    울 uru – uri – uchi うち(內)

우리는 짐승을 가두어 기르는 곳이다.

    uri – ori おり(檻)

신라의 이두어로 수도는 '건무라(健牟羅)' 이며 '나을' 은 '나라(國)로 일본 지명 나라(奈良)와 관련이 있다. '건무라(健牟羅)' 의 '무라(牟羅)'는 그대로 마을이라는 뜻의 일본어 「むら(村)」 에 대응하며 '건(健)' 은 '큰' 이 되었다. 따라서 '健牟羅(건무라)' 란 '큰 마을' 의 이두어로 '서

울(수도)' 을 나타낸다.

일본의 지명 「こほりやま(郡山)市」, 「おごほり(小郡)市」 의 「こほり」 는 가라어 '고을' 과 같은 것이다.

고을 koul – kohoru – kohori こほり

경주는 '서라벌', 백제의 마지막 수도는 '소부리(所夫里)' 로 여기에서 b음이 탈락하여 '서울' 이 되었고 이는 오늘날에도 사용되고 있다.

소부리와 같은 이름으로 일본에는 옛 야마도(邪馬台)로 지목되는 요시노가리(吉野ケ里) 유적의 뒤를 병풍처럼 두르고 있는 '세부리산맥(背振山脈)' 이 있다. '세부리(背振)' 는 '소부리' 의 사투리이다. 그 산자락에 위치한 요시노가리(吉野ケ里)가 예전의 수도였음을 암시한다. 『記紀』 에 따르면 천손강림의 땅은 소호리(添山)이다. '부리(夫里)' 는 일본어 「ふる」 가 되어 「ほる」 또는 「ほり(郡)」 와 같으며 '부리 – 호라 – 호리' 와 같이 통한다.

한 · 일어의 사회단위에 관한 명칭은 거의 일치한다.

신라어와 백제어를 어떻게 구분하나

한국어는 한국인의 유전자와 같이 남방계의 가라어와 북방계의 고구려·백제어가 융합한 것입니다. 그러나 고대 초기신라어(진한어)는 주로 남방계였으며 고구려·백제어에는 북방의 요소가 짙었습니다. 고구려와 백제의 귀족어는 같았으므로 여기서는 고구려어를 백제어로 표현했습니다. 신라가 한반도 통일로 백제의 땅을 흡수한 후 약 2백 년 뒤에(10세기 중엽) 고려왕조가 수도를 개성으로 정하고 평양 이북으로 손을 뻗습니다. 이런 과정에서 한국어는 신라어를 기반으로 옛 고구려어와 백제어 등을 편입시킵니다.

일본어는 11세기까지 백제어가 중심이었지만 12세기 가마쿠라(鎌倉) 시대에 신라어를 많이 포함한 동국지역의 말이 편입됩니다. 결국 한반도와 일본열도 모두 각지에 있었던 방언이 권력세력의 말을 중심으로 통합된 것입니다. 마치 영어에 라틴어와 그리스어 계통이 있는 것처럼 한·일어는 신라어 계통과 백제어 계통의 말이 포함되어 있는 것입니다.

현 한·일어에서 신라어와 백제어를 구분하는 기준은, ①같은 뜻을 지닌 낱말이 두 개 있는 것 ②가라어나 야마토어 중 어느 한쪽에만 있는 것을 중심으로 생각합니다.

예를 들면 수사의 3,5,7,10과 이것을 나타내는 일본어 「み, い つ, なな, とう」 등은 가라어에는 없지만 『삼국사기(지리지)』와 대조함으로써 이들이 백제어(고구려어)이며 신라어가 아님이 명백해집니다.

[なら(奈良) : 나라]

한국어에서 '나라' 는 '국가(くに國)' 와 같은 뜻으로 일반명사입니다. 반면 일본어에서는 「なら(奈良)」 는 지명(고유명사)이고 「くに(國)」 는 일반명사로, 이들은 명백하게 다른 계통의 말입니다. 『삼국사기』 에 의하면 신라에서는 국립 신사를 '나을(奈乙) 신궁' 이라 불렀습니다. 따라서 '나라(なら)' 는 신라어입니다.

나을 · 나라 (일본의 지명 「奈良」 는 한국어로 '국가' 의 뜻)

한편 고구려의 수도 현 평양의 옛 이름은 '고르나' 이며 '가라' 로 이어집니다.

고르나→고나→가라→くに (国)   (r-n으로 모음변화)

따라서 현 가라어 '나라' 는 신라어이며, 일본어 'くに(国)' 는 백제어(고구려어)일 것입니다.

나라지방에는 일본의 첫 천황 진무(神武)(AD 3세기, 『일본서기』 에 기록된 BC 5세기는 과장되어 있음) 이전에 신라계가 세력을 떨쳤으며 그 일대를 「なら(奈良)」 라 불렀습니다. 처음에 「なら(奈良)」 는 지역이름이 아니라 국가를 일컫는 것이었습니다. 그후 가야 · 백제계의 왕조가 수립되자 「なら(奈良)」 는 지명이 된 것입니다.

[稻]

한국어에서는 '벼(稻)' 를 '나락' 이라고도 하는데 이것을 보면 '나락' (신라어)에는 '나라(國)' 라는 의미가 깃들어 있음을 알 수 있습니다.

[兎]

고구려어 '우사금' 은 일본어 「うさぎ(兎)」 였습니다. 백제어 '우사금' 의 영향을 받은 「うさぎ(兎)」 는 신라어로 말하면 '토끼' 입니다. 신라어 '토끼' 는 때를 나타내는 일본어 「月(つき), 時(とき)」 가 되었습니다. 고대의 달(月)은 시간을 알려주는 시계였으며 또한 고대인들은 달에 토끼가 살고 있다고 믿었습니다.

	가라어	일본어
(백제어)	우사금→	うさぎ (兎)
(신라어)	토끼→	月(つき)時(とき)

[靴]

한국어 '구두신' 은 일본어 「革靴」 와 같은 뜻입니다. 옛날에 우리나라에는 구두 외에도 '짚신' 과 '고무신' 이 있었는데 그저 '신' 이라고만 하면 혼돈스러웠기 때문에 '구두신' 이라는 말을 사용했을 것입니다. 현 한국어에서는 '신' 과 '구두' 두 단어 모두 사용합니다. '신' 이 신라어 '洗(세)' 였던 것은 명백합니다. (『양서(梁書)』 「신라전」) 반면에 일본어 「くつ(靴)」 는 백제어 '구두' 입니다. 7세기의 시인 야마노우에 오쿠라(山上憶良)의 시에도 「沓(ぐつ)」 (万800)라는 단어가 등장합니다. 그렇지만 신라어 '신' 도 일본에서 완전히 자취를 감춘 것은 아닙니다. '신' 의 흔적은 일본어 「わらじ(藁靴 짚신), はだし(裸足 맨발)」 등의 「じ」 나 「し」 에 남아있습니다.

[稻辛]

두 개의 서로 다른 낱말이 하나가 될 때가 있습니다.

예를 들면 '젓갈' 이라는 뜻의 일본어 「塩辛(しおから)」는 「しお(塩)」+「から(辛い)*」입니다. 그대로 직역하면 '소금' 과 '맵다' 인데 사실 맵다는 뜻의 일본어 「から(辛)」는 가라어 '소금' 의 '금' 에 해당합니다. 이 '금' 은 kumu – kan으로 원래는 '소금' 이자 '간' 이 됩니다. 그러므로 '소(금) 간' 이라는 말은 '소' 도 '금(간)' 도 같은 소금이었던 것이 합쳐져서 한 단어가 된 것입니다. 소는 신라어, 금은 백제어가 아닐까 생각합니다.

* 「(辛)」: 옛날에는 '심한 자극'을 뜻하는 말이었다. 한국말 '맵다', '매우' 역시 격렬한(심한) 자극을 뜻하는 말에서 파생된 것이다.

소　금

sio　gum … kan

sio　kara(しおから)

cho　karu(チョカル)

현 한국어의 「塩干」는 '젓갈' 입니다.

이와 같이 하나의 낱말이 두개로 갈라지거나 또는 반대로 두개의 낱말이 하나로 결합하는 것은 마치 가재가 새우와 게로 갈라지거나 새우와 게가 합쳐져 가재가 되는 것과 같습니다.

이것을 '새우와 게' 현상이라 합니다.

[海]

백제 이두로 바다는 '여미(yomi余美)' 인데 '여' 는 '나머지' 이므로 고대에는 '나머미(namomi)' 와 같이 읽고 그것이 파도를 뜻하는 일본어 「なみ(波)」로 파생되었을 수도 있습니다.

yomi – omi – umi うみ 또는 なみ[현 일본어]

namami – ama あま(海女)

「わだつみ」는 바다의 신(海, 海神)을 뜻하는 것으로 '바다' 와 '여미' 의 복합

어입니다. わだ wada – bada 바다 (신라어)

「つ」는 이두 叱(쓰)로 소유격의 조사 '의'

umi(백제어)에서 u가 탈락되어 「み」

[十]

수사 십(十)에 해당하는 고구려어 '토(とう)'는 수사로서는 가라어에 남아 있지 않습니다. 그러나 '십(十)이 되다' 라는 뜻의 '드디어'의 '드'와 같이 일부 단어에는 그 흔적이 남아 있습니다(백제계). 또한 이것은 '드디어' 라는 뜻의 일본어 「とうとう」로 변한 것으로 보입니다.

드디어 todio – todo – toutou とうとう(到頭)

– tui – tsui つい(遂に)

일본에서는 「ひ,ふ,み … とう」의 순으로 숫자를 세는데 「とう」는 마지막 수사이며 '드디어, 십(十)이 되었다' 는 '드디어 도달했다' 와 같습니다. 이는 '십(十 とう)에 당도하다' 는 의미로 쓰였을 것이고 그것이 가라어 '드디어' 에 대응되는 것입니다.

[谷]

일본에서는 후지산(富士山) 부근을 경계로 서쪽은 '골짜기'를 「たに」라 하고 동쪽은 「や」 라고 합니다. 이에 대응되는 고구려어는 '단' 으로 이두로는 '呑, 且, 頓' 이며 서쪽지방의 「たに」에 대응합니다. 또한 똑같이 '熊谷' 라고 써도 서쪽인 시마네(島根)현에서는 「くまたに」라 합니다. 도쿄에 가까운 「くまがや(熊谷)」의 「がや」는 원래는 '골짜기'의 '골' 이었을 것입니다.

골 koru – karu – gaya がや

oru, aru에서는 r이 소실되기 쉬워 모음이 겹치므로 y또는 w로 변하는 모음충돌(제4장 참고)이 발생합니다.

예를 들면,

가라 kara – kaya かや(伽倻)

나락 nara – wara わら(藁)

와 같이 '가라' 의 '라' 가 'や(ya)' 가 되고, '나라' 의 '나' 가 'わ' 가 됩니다.

특히 도쿄에는 센타가야(千駄谷), 시부야(渋谷), 요쯔야(四谷), 세타가야(世田谷)등 '야(や)' 가 붙는 지명이 적지 않습니다. 이들 지명은 원래는 '千골,駄골, 四골, 世田골' 이었을 것입니다. 이는 얕은 산의 좁은 골짜기에 巾着田(주머니 모양의 논, 가라어의 고래실)을 일구고 각자 자신의 마을을 골이라고 부른 데에서 온 것입니다.

골 koru – karu – kara – kaya かや – ya や

와 같이 변화한 것으로 보입니다. 이것은 신라계 낱말로

コナ → カラ → カヤ

↓

くに(国)

와 같은 변화를 겪었습니다.

이것은 'や' 가 동국(東國) 지방의 말로 특히 지금의 도쿄 요쯔야(四谷) 부근에 먼저 정착한 것이 신라계 사람들이었음을 보여주는 것입니다. 이상은 아주 일부분의 예에 지나지 않습니다만 정리하면 다음과 같습니다.

	신라어	현 한국어	백제어(고구려어)	야마토 어
三	새	셋	미	み (mi)
国	나라	나라	고나·가라	くに (ku-ni)
稲	나락	나락	이(이팝)	いね (i-ne)
兎	토끼	토끼	우사구	うさぎ (u-sa-gi)
靴	신	구두, 신	구두	くつ (ku-tsu)
十	열	드디어	덕(德)	とうとう (to-u-to-u)
海	뱌다	바다	여미, 아마미	うみ(u-mi), わだつみ(wa-da-tsu-mi)

같은 언어가 갈라지게 되었다

이상은 신라어와 백제어가 분명하게 다르며 일본어에는 주로 백제어가, 한국어에는 주로 신라어가 남아있는 한편, 다음과 같이 각자 다른 형태의 현대 한·일어가 공통 조어를 갖는 경우도 있습니다. 고대 가라어(고대 고구려·백제·신라어)의 '天'은 공통적으로 '神(감)'입니다만 현 한국어(신라어)에서는 '하늘', 야마토어는 「あま」로 전혀 다른 낱말이 되고 말았습니다. 이것은 다음과 같은 변화가 있었기 때문입니다.

kamu
┌─ hamu – hamu – hanuri 하늘(이)(新羅語) *'ri'는 접미어
│   ↑ k-h   m-n
│   kamu – amu – ama あま(天)
└─ k탈락(어두모음화)
    ↓
    kami かみ(神)

한·일어에서는 자주 'k'와 'h'가 교체합니다.
例: 汗(かん) – 한
또한 일본어간에도 이런 현상이 있습니다.

例 : 깨물다 嚙む(か^{ka-mu}む) － 食む(は^{ha-mu}む) 먹다

우리나라의 대표적인 요리 '비빔밥'은 같은 재료로 만들어도 섞는 재료의 양에 따라 그 맛이 완전히 달라지고 맙니다. 한국어와 일본어는 둘 다 한반도 각지의 방언을 섞은 '비빔밥 언어'라고 할 수 있습니다만 거기에 들어간 주 재료가 한국어는 신라어, 일본어는 백제어로 다릅니다. 또한 조미료에 해당하는 한자의 혼합방식이 크게 달라 각자 다른 길로 걸어가게 되었습니다.

『만엽집』에서 백제어·신라어를 구별하다

『만엽집(万葉集)』의 시 4516수 가운데 320수가 동국가(東國歌, 防人歌)인데 주로 신라인이 일찍 들어간 곳이 바로 동국(東國)이다. 백제멸망(663) 이후에는 백제·고구려인도 입주하지만 동국의 언어는 여전히 신라어가 중심이었다. 8세기 일본이 신라에의 복수전을 시도할 때 이 지역에서 신라어 통역을 뽑았을 정도이다. 따라서 동국가에는 이미 사라진 신라계의 낱말이 상당수 포함되어 있는데 신라계가 거주하던 동쪽에서는 명령형에 '로(ろ)'를, 백제·고구려계가 거주하던 서쪽에서는 '요(よ)'를 쓰고 있다.

오늘날의 가라어와 비교하면, 현 한국어에서 '하세요', '하시오'는 정중한 명령형이지만 고대 일본어(동국어)에서는 순명령조 '하라'이다. 아마도 백제어가 '하세요', 신라어는 '해라, 하라'였던 것으로 생각된다. 신라어와 백제어의 차이는 일본내의 동국과 기내의 언어차이 정도로 생각할 수 있다. 그것은 곧 고대 일본인과 한반도인의 언어차이이기도 했을 것이다.

만엽집(万葉集)

일본식 이두(만엽문자)로 된 한국의 향가와 같은 시가이다. 총 4516수로 되어 있으며 편집시기는 772년 이후의 시들을 엮은 것으로 각 시가에 일련번호를 매겨 놓고 있다. 아직 찾지 못하고 있는 신라시대의 『삼대목(三代目)』에 해당한다.

(신라어)	(백제어)
하라, 해라	하세요
ra-ro'로(ろ)' → 運動しろ (운동해라)	'요(よ)' → 運動せよ (운동하세요)

구별할 수 없는 한 · 일어

[구루마(車)]

광복(8 · 15) 직후 한국에서는 민족 정체성의 회복을 위해 맹렬한 일본어 배척운동이 있었는데 공적인 자리에서 한마디라도 일본어를 쓰면 그 공직자는 바로 자리에서 물러나야 할 정도였습니다. 그런 시기에 한 교장선생이 조례에서 '구루마(車)' 라는 단어를 썼습니다. 이거 정말 큰일이었습니다. '구루마' 는 일본어라며 큰 소동이 일어났습니다. 고무타이어가 달린 '차' 를 가리키는 「くるま(ku-ru-ma)」 는 확실히 식민지 시대에 일본에서 들어온 말입니다. 그래서 대부분의 사람들은 '구루마' 가 영락없이 일본어라고 여기고 있었던 것입니다. 이때 용케도 한 국어선생이 '아니다. 이것은 가라어이다.' 라고 하여 무사히 넘어간 일이 있었다고 합니다.

「くるま(구루마)(ku-ru-ma)」 는 '구르는 마(말)' 에서 나온 것으로 '바퀴가 굴러서 움직인다' 는 뜻입니다. 「くるま(ku-ru-ma)」 는 일본어 「かま(ka-ma)」 또는 한국어 '가마*' 와 더불어 '물건을 실어 나르는 것' 이라는 뜻으로 한 · 일공통어입니다.

한국에서도 '머리를 굴리다' , '돈을 굴리다' 라는 말은 흔히 씁니다. 그러면 일본에서 '구루마(くるま)(ku-ru-ma)' 가 들어오기 전에 한국에서는 말이나 소가 끄는 차를 뭐라고 불렀을까요? '수레' 라 불렀습니다. 수레 역시 일본에 전해지면서 「する(문지르다)(su-ru)」 , 「するする(술술)(su-ru-su-ru)」 , 「すべる(미끄러지다)(su-be-ru)」 등으로 파생되었습니다.

고대에 일본의 도기를 만든 하지씨가 「しゅら(修羅-수라)(syu-ra)」 라 불렀던 커다란 판자가 하지씨 신사의 박물관에 전시되어 있습니다. 그 아래에 통나무를 깔고 돌이나 흙 등을 운반했던 것으로 하지씨

*가마 kama - kosi こし(輿) 가마의 '가' 는 '가다' 와 관련되어 있다. 요컨대 가마는 '걸어가는 마(馬)' 이다.

의 신사에 전해 내려온 것입니다. 즉 「しゅら(修羅-수라)」는 물건을 실어 나르는 판으로, 가라어 '싣다' 는 '수레' 의 동사형입니다. '수레' 도 '구르는 마(말)' 도 물건을 나르는 도구로 둘 다 옛 한반도어였음에도 이것이 일본과 한반도에서는 '수라' 로 사용되고 있었던 것입니다. 그러나 지금은 어느 쪽이 신라어인지 백제어인지 구별할 수 없게 되었습니다.

이와 같이 지금으로서는 대부분의 한·일어 낱말들이 어느 쪽이 신라어 또는 백제어 계열인지 뚜렷하게 구별할 수 없게 되고 말았습니다.

Ⅰ-4. 한·일수사(數詞)

수학자가 어학을 연구하는 이유

가끔 언어학자들로부터 당신은 수학자이지 언어학을 모른다는 핀잔을 들을 때가 있습니다. 수학자인 제가 언어문제에 관심을 가지게 된 것은 한·일 수학사의 비교연구를 하는 동안 수사문제에 마주친 데에서 시작되었습니다. 현 일본어의 수사 속에는 한국어에 포함되어 있지 않은 고구려어가 남아 있습니다. 이 사실은 수사뿐만 아니라 일반적인 낱말에서도 마찬가지라는 점을 깨닫고 한국어와 일본어의 발전방식에 큰 흥미를 느꼈습니다. 먹거리나 농업 관련 낱말 이상으로 수사는 쉽게 바뀌지 않는 생활기초어로 한·일 고대신화에는 수가 빈번하게 등장합니다.

예를 들면 "나정 근처에서 한 마리 백마가 무릎을 꿇고 있어 자세히 보니 보라색 알 하나가 있었다"(『삼국사기』)/"천지가 시작되고 둘로 나뉘었을 때 이자나기, 이자나미 두 신이 있었다"(『고사기』)/삼한, 3종의 신기/ 천손강림에 동반한 다섯 신하/ 신라의 6부, 가야의 9간/ 八岐の大蛇(ya-ma-ta-no-o-ro-chi)(일본 신화에 등장하는 8개의 머리와 꼬리를 가진 거대한 뱀 괴물)/ 하늘의 여덟 겹 구름/ 八坂勾玉(ya-sa-ka-no-ma-ga-ta-ma)(일본 신화에 나오는 보물)/ 이자나기 "나는 하루에 천명 씩 죽인다"/ 이자나기 "나는 하루에 천오백 명의 아이를 낳는다"(『고사기』)/ 팔백만 신 … 등과 같이 신화 속 수사의 예는 끝이 없습니다.

일본에는 흰 토끼가 악어의 등을 타고 악어의 수를 세면서 강을 건너는 신화가 있습니다. 이것은 고구려의 시조인 주몽이 고국을 탈출한 후 큰 강을 만나 위기에 직면했을 때 물고기와 거북 등이 나타나 도왔다는 신화와 같은 것인데 대체 그들은 어떤 수사로 수를 세었던 것일까요?

고대 일본의 산학(算學)이 백제에서 전해졌으며 한·일 산학제도가 같았음에도 불구하고 오늘날까지 한·일의 수학용어는 물론 수사는 거의 관련이 없다고 여겨져 왔으며 이 사실이 곧 고대의 한·일어가 먼 관계에 있다는 간접증명이 되어 왔습니다. 그러나 제가 조사해보니 실제로는 수사 및 기초적 연산용어 모두가 분명히 상통 대응합니다. 예를 들면 처음부터 시작하는 것을 일본어로 "は^{ha}なから始める^{na-ka-ra-ha-ji-me-ru})"라고 합니다만 여기서의 「はな^{ha-na}」는 바로 1을 뜻하는 가라어 '하나' 입니다.

언어학과 수학

고대 그리스 이래 수학과 언어학은 깊은 관계를 맺어왔으며 20세기에 들어서는 더욱 그러한 경향이 두드러졌다. 소쉬르(F. Saussure)의 언어학은 20세기 최대의 수학자 힐베르트(D. Hilbert)의 수학과 맥을 같이 하며 함께 구조주의의 문을 크게 열었다.

수학학계는 20세기 최대의 수학 업적의 하나로 촘스키(N. Chomsky)의 '생성문법이론' 을 꼽고 있다. 지(知)의 거인으로 지목되는 그가 대학생시절 학문에 흥미를 잃고 있을 때 수학을 권한 사람은 그의 스승이자 언어학에 대수학을 처음으로 도입한 헤리스(Z.S.Harris)였고 촘스키는 수학을 통해 언어학으로 다시 들어갈 수 있었다. 또한 스와디시(M. Swadish)는 수학을 적극 이용함으로써 언어연대학, 언어통계학을 열었다.

한 · 일 수사의 연구

수사는 중요한 기초어로서 언어학에서는 두 언어의 가까움을 나타내는 척도로 삼고 있을 정도입니다. 그러나 한 · 일의 수사는 언뜻 전혀 관련성이 없는 것으로 보인 모양입니다.

한 · 일어 관계연구의 선구자 중 한 명인 아스톤(W.G. Aston)은 19세기 말 일본과 조선에서 근무한 영국외교관이었습니다. 그는 한 · 일어의 수사에 상호관련성이 있음을 확신하고 있었는데 '여러'와 일본어 「よろず」^{yo-ro-zu} 정도를 제외하고는 같은 조어가 없다는 점에 놀라면서도 '문법면'에서 세밀하게 대응한다는 점에서 이 두 언어가 가까운 친족관계에 있다고 단언하고 있습니다.

그후 일본 교토대학 동양학교수 나이토 코난(內藤湖南) 교수와 도쿄대의 신무라 이즈루(新村出) 교수 등이 『삼국사기』 「지리지」를 이용해서 한 · 일수사 3, 5, 7, 10이 대응함을 밝혀냈습니다(1916년). 이제는 한 · 일어를 연구하는 사람이면 한국인, 일본인을 막론하고 거의 이 사실을 긍정적으로 언급하고 있습니다. 그러나 이상하게도 거의 대부분의 학자들은 그 이외의 수사에 대해서는 지금까지도 언급하지 않고 있습니다.

필자는 12세기 초 중국 송의 외교관이 고려어 수사를 기록한 『계림유사』의 기사와 대조하여 그 외의 기본수사 1,2,4,6,8,9 모두가 일본어와 대응한다는 것을 밝혀냈습니다(상세한 내용은 4장 뒤의 부록 참조). 필자의 능력을 자랑한다기 보다는 선입견없이 새로운 관점에서 한 · 일어를 조명할 때야말로 그간 가려져온 한 · 일어의 실상이 나타난다는 사실에 놀랐습니다.

오히려 일본인 학자들이 처음에 4개의 수사에 대한 한 · 일어

대응관계를 밝혔음에도 나머지 수사에 관심을 안 갖는 이유는 무엇인지 매우 궁금합니다. 그들의 연구능력이라면 마음만 먹으면 이 사실을 밝히는 일은 쉬웠을 것입니다. 기본 수사가 모두 대응하는 것이 확실해지면 한·일어가 하나의 언어였다는 사실이 명백해질 수밖에 없기 때문에 그것이 두려워서 그런 것인지 의심스러울 정도입니다.

계림유사 : 계림유사에 실린 수사 부분

당시 일본은 신(神)국론이 한창인 시절이었으니 지금보다 더욱 '일본어는 한국어와는 관계가 없다'는 선입견이 있었습니다. 두 언어의 밀접한 관계가 분명해지면 자칫 우파로부터 테러라도 당하지 않을까 두려워했던 것은 사실입니다. 음으로 양으로 이들 일본인 대가의 영향은 그 제자격인 한국인 학자들에게도 미치고 지금까지도 그대로 미해결의 문제로 남아있었던 것 같습니다.

숫자에 대한 한·일 언어연구는 이 책의 뒷편에서 펼쳐 보이겠습니다.

고구려계 수사의 40%가 일본어로 남다

신라는 한반도(3국)를 통일함과 동시에 정치, 문화 등 모든 면을 중국의 당나라와 동일화시키는 정책을 취했습니다. 한문도 중국식으로 읽고 인명, 지명 등도 중국화했습니다(AD757). 아무리 개명한다고 해도 새로운 것은 옛 지명과 어떤 형태로든 연관이 있게 마련입니다. 예를 들어 「난은별(難隱別)」이라는 지명은 「칠중현(七重縣)」으로 한다는 기록이 있습니다(『삼국사기』「지리지」).

難 – nan 난 – 「なな七」

隱 – 들어앉다, 겹치다의 뜻을 나타내는 일본어 「こもる, 重なる」

別 – byoru 별 – bol 벌 – 「はら原」

겹(치다) kyobu – kaba – kasane+ru 「かさねる(重ねる)」

이로써 일본어 식 그대로 읽으면 「ななかさね原」인 것이 「七重県」이 되었음을 시사합니다.

「難」은 그 음 '난' 을 따서 「7」이라고 하고 있습니다. 이 7은 일본어로는 「なな」입니다. 신무라 교수는 이와 같이 7 이외에 3, 5, 10에 대해서도 설명하고 있습니다.

3 密 – みつ   5 干次 – いつつ   10 德 – とお

이들 3, 5, 7, 10은 고구려(백제)어이며 현 일본어에서 사용되고 있으면서도 한국어에는 없습니다. 일본어에는 현 한국어에 없는 고구려(백제어)가 많이 남아 있습니다.

고구려와 백제의 지배계급은 같았으므로 양측의 말 역시 같았습니다. 『양서』「백제전」에는 "백제의 언어와 의복은 고구려와 거의 같다"고 기록되어 있습니다. 따라서 일본어에 포함되는 고구려어는 거의 백제인의 것으로 볼 수 있습니다.

1에서 10까지의 숫자 중에서 40%를 차지하는 백제(고구려)계 수사가 일본어로 남고 가라어에는 남지 않았습니다. 이는 다른 고대 한반도의 기초어 중 상당부분이 일본어에 남고 가라어에는 남지 않았음을 시사하고 있습니다.

나아가 백제어와 신라어에 상당한 방언 차이가 있었다는 것도 시사하고 있습니다. 이런 차이에 더해 한자어의 흡수방법이 판이했으므로 오늘날의 한국어와 일본어와 같이 별개의 것으로 나뉘어지게 된 것입니다.

수는 '가지' 와 (かず)였다

한국어의 '수' 와 같은 뜻인 일본어 「かず(数)」 라는 낱말부터가 동일합니다. 종류를 뜻하는 가라어 '가지' 는 나뭇가지에서 유래하였으며 '가지가지' 는 그대로 '여러 가지' 를 뜻하는 일본어 「かずかず」 에 대응합니다. 즉 종류는 「かず(数)」 인 것입니다. 10세기 일본 궁녀들은 상에 오르는 '나물의 종류' 를 「おかず」 라고 했습니다.

가지 kaji – kazu かず(数) – kusa くさ(種) 종류

"秋の時花種(くさ)にあれど…(万四255) : 가을의 꽃 가지가지 는…"

일본의 지명 「사이쿠사(三枝)」 의 '三' 은 「さい」 로 읽는데 신라어 '세' 에 대응합니다. '세' 가 모음변화로 '사' 가 되어 다시 그것이 '사이' 가 되었습니다. 또한 가지는 풀(일본어로 「くさ」)입니다. 즉 「三枝」 를 신라어로 읽으면 「さいくさ」 가 되는 것입니다.

삼척시(三陟市)의 신라시대 이름은 「悉直」 으로 아마도 '세직' 이라 읽었을 것입니다. '세' 가 '三' 인 것이지요. 더욱 흥미로운 사실은 일본에는 사이쿠사(三枝)라는 지명이 여러 곳에 있는데 모두가 신라인이 많이 살던 동국지역이라는 것입니다.

어떤 이유가 되든 한·일어 연구의 선구자는 근대서양의 언어학을 익힌 사람들이었고 처음에는 전혀 편견없이 서구언어학의 입장에서 출발한 것은 사실입니다. 그러나 이들은 신라어와 백제어의 차이에는 무지했습니다. 만일 아스톤(Aston)이 일본의 기본 수사 모두가 한국수사와 관련이 있다는 것을 알았다면 어떻게 말했을까 궁금합니다. 아마도 "한·일어는 기본수를 비롯한 문법의 자세한 면까지 일치하므로 틀림없이 하나의 언어였다" 고나 할 것입니다.

백제 관직명과 수

백제의 고위직에 德率(덕솔), 恩率(은솔), 達率(달솔)이 있었다. 먼저 문제가 되는 것이 '德', '恩', '達'이다. 우선 '德(덕)'은 일본식으로 발음하면 「トク」로 「ト」는 일본에서 「十」을 의미한다. 또한 '恩(은)'의 일본식 발음은 「恩 オン」으로 일본어 「八百(やお)」에 남아있듯이 「オ」는 「百」이다. 마지막으로 '達 달'은 일본어로 읽으면 「達 タツ」이며 여기서 「タ」는 「ち」로 변하여 「千」을 나타낸다. 즉 德·恩·達은 각각 '十··百·千'을 나타내고 있는 것이다.

그러면 '率(솔)'이란 무엇일까?

'率(솔)'은 수레, 즉 '軍'라는 의미이다. 한마디로 德率, 恩率, 達率은 각각 十, 百, 千의 수레를 거느리는 직위라고도 할 수 있다.

이것은 몽고군의 조직, 즉 10명이 소대, 100명이 중대로 이루어진 것과 같은 10진법이다. 일본어 「ソリ」는 백제계 단어로 수레를 뜻하며 현 한국어에도 남아있다. 8세기에 만들어진 일본 『신찬성씨록』에는 「車持公(くるまもち)」라는 성이 있는데 그 시대에는 차가 신분의 심벌이었다. 또한 『왜인전』에 나오는 야마토국(邪馬台国)의 직위에는 「一大率」라고 하는 중요한 관직이 있다.

한·일어는 독립된 언어권이다

민족이동의 순서로 볼 때 고(古) 몽골로이드인이 일본열도와 한반도에 남기고 간 말이 아이누어일 것입니다. 또한 남방계 벼농사민이 남기고 간 것이 남방어(타밀어)인 것으로 보입니다. 그러나 이와는 별도로 한·일어는 퉁구스(만주)어, 몽고어 등과 함께 알타이어라는 주장도 있습니다. 한국·일본어는 명백히 아이누어 및 타밀어와도 다릅니다. 알타이어의 특징은 크게 아래의 3가지 조건을 만족시키는 것이라 할 수 있습니다.

1. 풀질을 좋아한다(교착어): 가령 '나는 학교에 간다'의 '는',

'에'와 같이 낱말과 낱말 사이를 조사 「는, 에, 를, 로(て, に, お, は」 등으로 마치 풀로 붙이는 것처럼 연결합니다. 한 · 일어는 공통적으로 중국어의 영향을 받아 절반 이상의 많은 한자어를 받아들였습니다만 중국어는 고립어로 단어를 나열할 뿐 조사 「는, 에, 를, 로」가 없습니다.

2. 목적을 중시한다: '나는 학교로 간다'와 'I go to school'을 비교하면 학교(school)와 가다(go)의 자리가 바뀌어 있음을 알 수 있습니다. 어순이 주어, 목적어, 동사로 주어, 동사, 목적(S.V.O)의 영어순서와는 반대입니다. 필자가 일본에서 지난 중학교 영어 첫 시간에 영어는 S.V.O이며 일본어의 어순과는 다르다는 것을 귀에 딱지가 앉도록 들었습니다.

3. 코카콜라를 좋아한다(모음조화): 이것은 익숙하지 않은 말입니다만 언어학의 중요한 술어입니다. 쉽게 설명하자면 '코카콜라(cocacola)'와 같이 한 단어에 두 가지의 모음 「o」와 「a」가 교대로 등장하는 것입니다. 일반적으로 말하자면 한 단어 안에서는 제한된 특정 모음만이 등장하는 것을 뜻합니다. 한 · 일에는 중세에 한자음이 유입된 이후 음운이 변한 것이 많은데 특히 '코카콜라' 식의 낱말이 사라졌다고 생각됩니다. 그러나 양 언어의 의태어에는 여전히 옛 흔적이 남아있어 모음조화의 흔적은 남아 있으며 잘 대응됩니다.

한	일
깔깔 웃다 karukaru	からから笑う karakara
슬슬 시작하다 surusuru	そろそろ始める sorosoro
비가 쏴아쏴아 오다 ssassa	雨がざあざあ降る zaza

새 이름은 그 울음소리에서 유래된 의태어 이름이 많습니다. 아마도 고대 한·일어의 단어에는 이러한 것들이 많았을 것으로 보입니다.

한	일
병아리 : 삐약삐약	hi-yo-ko　pi-yo-pi-yo ひよこ : ぴよぴよ
참새 : 짹짹	su-zu-me　che-che すずめ : チェチェ
제비 : 째째	tsu-ba-me　chu-chu つばめ : チュチュ

금새 알아차렸을 것입니다만, 옛 한·일어는 공통적으로 이러한 3가지 조건 ①교착어 ②S,O,V(주어, 목적, 동사)형 ③모음조화를 만족시킵니다.

그러나 이상하게도 한·일어에는 몽고어는커녕 만주어에 조차도 공통된 기초어가 거의 없습니다. 무엇보다 제가 놀란 것은 일본어와 한국어는 공통 수사(數詞)를 지니면서도 육지로 이어진 만주어와는 하나도 공통수사를 가지고 있지 않다는 것입니다. 예외적으로 7을 나타내는 난은(難隱)이 만주어 'nadan'과 비슷한데 고구려 지명인 난은별(難隱別)은 지금의 경기도 양주 지역으로 오리혀 고구려어가 만주어에 영향을 주었다고 보고 있습니다. 기초어 가운데에 가장 중요한 것은 수사입니다. 이 때문에 한·일어는 비알타이어라 주장하는 학자도 적지 않습니다. 그러나 고대의 어느 한 시기에 알타이어를 가진 북아시아의 인종이 유입되어 왔었던 것은 틀림없습니다만 정말로 이상한 일입니다.

요컨대 한·일어는 남방어, 고 몽골로이드어, 알타이어도 아닌 전혀 다른 독립된 언어권임을 나타내고 있습니다.

保食神(농경신)의 언어

한·일의 음식이름에서는 흔히 비슷한 말을 찾아볼 수 있다. 일본 신화에 등장하는 농업신(保食神)은 'うけもちのかみ'(u-ke-mo-chi-no-ka-mi) 라 불린다. 지금은 사라진 야마토어 「うけ」(u-ke) 는 일본어로 「もみ(籾)」(mo-mi) 이고 일본어 「もち(餠)」(mo-chi) 는 가라어의 밀떡, 보리떡인데 옛날에는 밀과 보리를 구별하지 않고 한 단어가 달리 겸용된 것을 생각할 수 있다. 「うけもち」(u-ke-mo-chi) 의 「うけ」(u-ke) 는 '뉘', 「もち」(mo-chi) 는 '밀·보리·떡'을 가리키므로 그야말로 농경신(保食神)에게 알맞은 이름인 것이다.

[우케]

중세 가라어 '우게(뉘– 겉겨가 붙어 있는 쌀)' 는 고대 일본어 「うけ」(u-ke) 와 같으며 지금도 일본에서는 「うける(受ける)」(u-ke-ru) 가 '받는다' 는 뜻으로 파생되어 쓰이고 있다. '밭에서 나온 것' 은 곧 '우게(뉘)를 받는' 일이며 땅에서 나온 것은 모두 세(稅)이다. 그러나 지역에 따라 '밭' 과 '우게' 라는 말을 쪼개어 썼다. 한·일어에 남은 단어로 유추해보면 아마도 신라계가 '밭' , 백제계가 '우

게' 를 썼을 것이고 이런 식으로 오늘날 한국어·일본어의 차이를 만들었을 것이다.

[稻]

우리말 '뉘' 와 일본 「稻」(i-ne) 의 '이' 는 동일 계열로 남방어임이 확실하다. 북한에서는 백미를 '이(이팝)' 라고 한다. 아마도 고구려, 백제를 거쳐 일본으로 건너가 「いね」(i-ne) 가 되었을 것이다.

이와는 별도로 한국에서는 벼를 '나락' 이라고 한다. 이 말은 뒤에서 자세히 설명하겠지만 신라어이다. 또한 일본어로 한·일어에는 북방유목민의 낱말이 상당히 섞여 있는데 생활방식이 변하면서 유목민적인 의미가 흐려지고 농경민 사회에 적합한뜻으로 바뀐 것이다.

[飯]

만엽집에는 모반의 죄를 지고 살해당한 7세기 비극의 아리마왕자(有間皇子)가 노래한 시가 있다.

"집에 있으면 대나무(筍) 밥그릇에 담아 먹을 밥을 길에서 먹으면 잎에 담아 먹는다(万 142)"여기에 나오는 대나무 「筍」 는 밥 또는 식사 를 뜻하는데 우리나라 말로 하

면 '끼'이다. 식사라는 뜻의 '끼'는 '끼니'라고도 하는데 우리말 '한 끼'는 일본어의 「け」(ke)에 해당하는 것이다. 일본의 권위 있는 『이와나미(岩波)고어사전』에서는 본래 대나무 통인 '筍'에서 식사를 나타내는 의미가 나왔다'고 되어 있다.

그러나 가라어 '끼'가 「け」(ke)로 변할 수 있는 것을 보면 반대로 식사를 의미하는 우리말 '끼'에서 대나무 통 「け(筍)」(ke)가 파생된 것이다. 일본어에서는 밥을 담는 그릇이 「筍」이고 가라어에서는 식사 그 자체가 '끼'로 의미의 범위가 더 넓다. 한때는 「筍」와 「끼」는 같은 말로 모두 식사를 의미했던 것이다.

[몰다(盛る)(mo)]

이 표현은 한·일 공통이다.

'몰다'는 원래 유목민 목동이 소나 말 등을 '모으다'라는 의미였지만 농경민이 되자 '밥을 그릇에 모으다', 즉 '담다'라는 뜻으로 쓰이게 되었다. 그리고 이것이 일본어에 영향을 끼쳐 담는다는 뜻의 일본어 「盛る」(mo-ru)가 되었고 그 후 이 낱말에서 다시 '둥글게 뭉치다'라는 뜻의 「丸める」(ma-ru-me-ru)가 파생된 것으로 보인다.

이처럼 일본어와 한국어의 대응은 단어의 의미가 조금씩 달라지는 경우가 많다.

오키나와에도 '原'가 들어간 지명이 있다.

예: 山原

벌 boru-horu-hara はら(原)

hira ひら(平)

hirogeru ひろげる(広:벌리다)

벌은 넓고 평평한 땅이다. 전망이라는 뜻의 일본어 「みはらし(見晴し)」(mi-ha-ra-si)의 「はら」(ha-ra)는 「はら(原)」(ha-ra)와 같다. 따라서 「みはらし(見晴し)」(mi-ha-ra-si)와 「みはらし(見原し)」(mi-ha-ra-si)는 '널리 내다본다'는 뜻에서 서로 통한다. 일본 지명에 자주 붙는 「平」(hi-ra)는 산간의 평지를 일컫는 말로 이것 또한 원래는 「原」(ha-ra)였다. 맑게 갠 날을 「晴(はれ)」(ha-re)라고 하는데 이는 '멀리 보이는 날'이라는 뜻이다.

저는 동경에서 자랐고 어린 시절 자주 근처의 공터에서 야구를 했는데 '야구하자'라는 말 대신 '하라파(はらっぱ)에 모이자'는 말을 썼다. 「はらっぱ(原ば)」(ha-ra-tsu-pa)는 벌판이라는 뜻으로 마지막 음인 '파(pa)'역시 '벌'을 의미한다. 즉, 'はらっぱ(原ば)(ha-ra-tsu-pa)=

벌+벌 로 동음 반복어인 것이다.

[밭]

한자 「畑」 은 '火田', '畠' 은 '白田' 에서 만들어진 일본식 한자이다.

밭(田)은 일본어로 「はた(畑・畠)」 이지만 우리나라에서는 수전을 가리킬 때 별도로 '沓' 이라는 한자를 사용한다. 「畑・畠」 은 일본에서 만든 한자이고 「沓」 은 한국에서 만든 한자인 것이다.

일본어 「はたけ(畑)」 와 「はたらき(働)」 에는 다음과 같은 관계가 있다. 「はたらき(働)」 는 「はた(畑)」 가 동사화한 것으로 처음에 「はたらき(働)」 는 '밭 일' 을 뜻했지만 후세에서 '일반적인 일' 로 사용되게 되었다.

농업기술이 발달하고 권력집단이 형성되자 농민들에게 곡식을 거두기 시작했는데 옛날 사람들은 밭에서 난 작물을 세금으로 냈다. 그 때문에 밭에 관한 말이 징세와 관련된 말로 밭(田)은 동사화해 '받(다)', 받(치다)' 등으로 파생되었다.

일본어도 마찬가지로 '밭' 을 뜻하는 「はた(畑)」 가 동사가 되어 「はたる(徵)-징수하다)」 가 된 것이다.

[벌판]

벼농사는 계절을 이용하는 시스템작업으로 야요이인도 충분히 그 지식을 가지고 있었다. 농작을 하려면 '밭(田)', 즉 '벌판(原)' 이 필요하다. 한국에 가까운 규슈 지역을 여행하다 보면 '原' 가 붙은 지명이 적지 않다. 대표적인 것이 메이지 유신에 대한 반혁명전쟁의 격전지였던 「たばるざか(田原坂)」 로 규슈와 가까운 쌀은 「しゃり」 라고도 한다.

[味]

고대인에게도 맛있다, 맛없다 등의 감각은 있었고 '맛' 에 관한 단어도 있다.

맛 masi - asi - aji あじ(味)

u+masi - umasi うまし(맛이 있다)

일본어에는 어두모음화 현상이 있어서 마치 모자를 썼다 벗었다 하는 것과 같이 모음이 붙었다 또는 자음이 떨어졌다 하는 경우가 종종 있다.

II

백제 색으로
물들어가는 일본

II-1. 한·일의 정복왕조

여러 개의 「왜(倭)」가 있었다

일본에는 여러 왜(倭)가 있었습니다. 기원전 1세기 경 이미 '왜'라는 이름이 중국 전한(前漢) 시대의 『한서』에 등장합니다. 이에 따르면 당시 일본열도는 '약 백 개의 소국으로 나뉘어져 있었다' 는 것과 '전한이 한반도 평양과 황해도 일대에 둔 식민지 낙랑군(樂浪郡)에 정기적으로 사신을 보냈다는 것' 을 알 수 있습니다. 또한 『후한서』 「동이전」 에는 AD 57년에 '한·왜·노국왕(한(漢)에 속하는 왜노국왕)의 금 옥쇄*를 후한(後漢)의 광무제가 왜국 사신에게 하사했다' 고 기록되어 있습니다. 이 무렵 왜는 신라를 자주 침략했습니다 (『삼국사기』). 아마도 이 왜는 가야(伽倻)·쓰시마(対馬)·규슈북부(北九州) 일대의 연합세력인 것으로 보입니다.

*이 금인은 규슈(九州) 시가섬(志賀島)에서 1784년에 발견됨으로써 『후한서』의 기록의 정확성이 입증되었다.

금인:한나라 광무제가 왜노왕국에게 하사한 금인

중국 후한이 멸망한 후 위(魏)·촉(蜀)·오(吳) 삼국시대가 되자 위는 한으로부터 낙랑군을 이어 받았고 왜는 여전히 한에 대한 것과 같이 위에 조공을 했습니다. 한편 『위지』 「왜인전」 에는 야마토국(邪馬台国)과 여왕 히미코(卑弥呼)의 존재가 기록되어 있는데 그 나라에 관한 정확한 위치를 언급하지 않았기 때문에 현재까지도 야마토국이 있었던 지역을 단정짓지 못하고 있습니

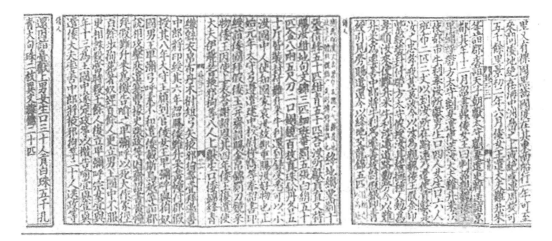

위지: 위지의 왜나라 히미코에 관한 기록

다. 이에 더해 히미코와 신화의 진구황후(神功皇后), 그리고 일본의
조상신 아마데라스 대신(天照大神)의 이미지가 서로 겹치면서 일본
AD 2~3세기의 고대사는 수수께끼 투성이입니다.

  야마토국은 29국을 산하에 두는 연합국가로 히미코를 여왕으
로 추대하며 세 번에 걸쳐 위나라에 조공했습니다. 『삼국사기』에 따
르면(AD 173) 히미코의 왜(야마토)는 1세기의 왜와는 전혀 다르게
친 신라적이었으며 신라에 조공했던 듯합니다. 이는 야마토국이 신
라의 분국이었음을 시사하고 있습니다. 야마토국은 백제분국인 구
노국(狗奴国)과 싸웠습니다. 각각 백제와 신라의 분국인 구노국과
야마토국은 마치 일본열도에서 백제와 신라의 대리전쟁을 하고 있
는 것처럼 보입니다. 그러한 구도에서 결국 야마토국은 망하고 구
노국*에 흡수됩니다. 그 뒤 150년 정도의 공백 후 왜의 다섯 왕(倭
五王), 즉 친 백제의 오진(應神)왕조가 등장합니다(AD 4세기말~5
세기 초).

*구노국의 '구'는 '큰'으로 구노국
이란 '큰 나라' 라는 뜻으로 백제영
토 안에도 '구노국(狗盧国)' 이 있
으므로 규슈의 구노국(狗奴国)이
백제의 분국임을 시사하고 있다.
또 기내(畿内:오사카·나라·교토
지역)의 가야계 스진(崇神) 최후
의 왕 츄아이(仲哀)와 당당하게
맞서 전사시킨(AD 3세기말~4세
기 초) 강력한 세력이다. 그 본거
지는 구마모토(熊本)의 타마나(玉
名)로 백제계의 관모, 철검 등이
출토된 후나야마(船山) 고분이 있
다.

히미코 상상도

일률적으로 '왜' 라 불렸어도 시대마다 성격이 달랐으며 저마다 한반도 내의 각 세력과 맥을 통하고 그들끼리는 같은 말을 사용하였으며 서로 반·친 관계를 유지했던 것입니다. 당연히 이들 왜어 (倭語)는 통일되지 않은 상태였을 것입니다.

야마토(邪馬台) 논쟁

「邪馬台」의 「台」를 「たい」로 읽는 것은 잘못으로 「と」로 읽어야 한다. 야마토(邪馬台)의 여왕 히미코의 종교적 양녀의 이름 역시 '台與' 라 쓰고 「とよ」로 읽는다.

일본학계에는 야마토의 위치를 둘러싼 논쟁이 있는데 그 주장이 학자마다 다르다. '야마토(邪馬台) 와 나라현(奈良県)의 야마토(大和) 는 같으냐 다르냐' 하는 것이 이른바 '야마토국 수수께끼'로 일본 역사학계를 둘로 나눈 가장 큰 쟁점이다. 야마토(邪馬台)가 나라(奈良) 에 있었다고 한다면 '야마토(邪馬台)' 와 '야마토(大和)' 는 같은 것으로 후에 등장한 천황세력은 그곳 토착세력에서 성장한 것으로 생각할 수 있으므로 일본 우파 사이에서 지지자가 많다. 한편 규슈에 있었다고 한다면 원래의 규슈 세력이 나라지역에 진출해서 왕조를 수립

했다는 사실이 분명해지므로 '기마민족 정복왕조설' 로 이어진다. 앞으로 차차 설명하겠지만 필자는 여러 가지 이유로 규슈 설을 믿고 있다.

야마토의 지명

야마토의 지명은 규슈만 해도 츠쿠고(筑後), 히고(肥後), 우사(宇佐) 에 '야마토(山門) 가 한군데씩 있으며 이외에 '야마토(大和, 邪馬台)' 등도 있다.

「やまと」의 「やま」는 '열매, 풍요'를 뜻하며 「と」는 '터' 이다. 따라서 「やまと」는 가라어 '여문 터' 에서 파생된 말로 '풍요로운 땅, 풍요의 나라' 라는 뜻이다. 일본정사 『기기』의 천손강림 신화에는 아마테라스(天照)가 그녀의 손자(니니기노미코토)에게 했던 말 '豊葦原の国(풍요로운 나라)' 와 같이 신세계 개척자들이 최초로 세운 나라의 터에 걸 맞는 이름이다.

60

또한 「やまと」(ya-ma-to)의 유래는 「あまと」(a-ma-to)(天土)이며 신화에 등장하는 일본열도 정벌의 기지인 다카아마하라(高天原)와도 통한다(『기기』). 다카아마하라는 한반도에서 건너간 무리가 처음으로 만든 기지이다. 이처럼 일본열도 내에 여러 개의 '야마토'가 있는 것은 한반도에서 건너간 여러 무리들이 저마다 나라를 세웠음을 시사한다.

초기 한반도의 국가형성

『삼국사기』 박혁거세 30년(AD 53년), 그러니까 신라가 건국된 시기의 기록에는 다음과 같은 인상적인 글이 있습니다.

"낙랑 사람들이 군사를 이끌고 침입하였는데 이 지방사람들이 밤에도 문을 닫지 아니하고 노적가리를 그대로 들에 쌓아 둔 것을 보고는 말하기를 '이 지방 사람들은 서로 도둑질을 하지 않으니 가히 도의가 있는 나라다. 그런데 우리들이 몰래 군사를 이끌고 와서 이를 습격하는 것은 도둑들과 다름이 없으니 어찌 부끄럽지 않은가' 하며 군사를 이끌고 돌아가버렸다."

이 글은 정사의 기록으로 미화되어 있으며 사실은 침입자들이 가차없이 습격하고 식량을 훔쳐가는 일이 예사였고 때로는 정복국가를 세우기도 했을 것입니다.

신라뿐만 아니라 그 시기의 남한 전체는 대체로 이런 모습으로 생각되어 있습니다. 『후한서』 「한전」에 따르면 삼한시대 남한에는 가라족(韓族)을 중심으로 하는 벼농사민의 느슨한 부족국가가 78여 개(마한 54개, 변한12개, 진한 12개)로 분산되어 있었습니다. 소국은 1천호, 대국은 5천호의 규모로 1호당 인구는 5명 정도였습니다. 이들은 고

삼국지 동이전 시대의 한반도

작 청동기와 지석묘(고인돌) 문화를 지니고 있었는데 그 우두머리
는 신지(臣智)라 불리는 무당이기도 했습니다.

북녘의 부여족들은 철기와 기마군을 앞세워 남하하여 차례로
이들 위에 왕국을 세워나갔습니다. 처음에는 진국(辰國)이 남한 전
체를 연합한 왕국을 세웠으나 진왕은 종교적인 행사나 전쟁에서의
지휘권을 가진 상징적 존재로만 여겨졌던 것으로 보입니다.

여러 부족사회의 병립은 부의 축적과 더불어 빈부의 격차가 심
화되면서 전쟁이 발생하고 결국 보다 강력한 조직이 필요하게 되는
데, 북녘으로부터 오는 기마족은 그 틈에 여러 부족사회를 아울러
왕국을 세워나갑니다. 거기에서 삼한이 파생하고 그 후 차례로 삼
국(백제, 가라, 신라)이 건국됩니다.

고대의 국제역학

관모: 백제의 분국으로 보이는 후
나야마(船山) 고분에서 출토된 관모

고대에도 오늘날과 마찬가지로 일본열도·한반도·대륙 사이
에는 냉혹한 국제역학이 소용돌이 치고 있습니다. AD 1세기는 야
요이(弥生) 중기로 겨우 부족국가가 성립된 직후입니다. 앞서 말했
듯이 그때 왜는 이미 한(漢)제국에서 '한·왜·노국왕(漢·倭·奴國
王)'의 금 옥쇄를 받아올 정도로 국제외교를 했고 야마토국의 히미
코도 위나라로부터 '친위왜왕(親魏倭王)'의 금인을 받았으며 또한
신라에도 조공했습니다. 그들이 큰 위험을 무릅쓰면서까지 바다를
건넜던 것은 단순히 국가 위신을 높이기 위해서가 아니라 나라를
보전하기 위한 절실한 이유가 있었기 때문입니다. 이러한 왜국의
외교노선은 한반도 여러 나라와의 얽힌 관계와 관련이 있었습니다.

오늘날 대한민국의 국토에 해당하는 남한 땅은 부여계 진국(辰

國)의 영토이며 백제·신라 등은 그 속에서 파생한 나라입니다. 진국에는 한의 식민지가 된 낙랑군, 대방군은 본래 자기 땅이라는 생각이 있었으며 식민지 해방전쟁의 대상이었습니다. 위는 한이 멸망한 후 한반도 내에 있었던 한(漢)의 식민지도 이어받았으므로 낙랑 땅을 자기 영토에 편입시키기 위해 위의 적대국인 남조(南朝)의 오(吳)와 손을 잡았습니다. 따라서 히미코의 야마토국이 위와 신라에 접근한 것은 백제와의 적대를 뜻합니다. 관계가 복잡하므로 정리해 보겠습니다.

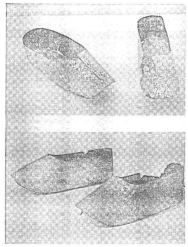

금동신:후나야마 고분에서 출토된 금동신, 아래는 마한지역에서 출토된 금동신

중　국 : 한(漢), 위(魏)는 한반도에 식민지 낙랑을 가졌다. 중국은 삼국시대(위·촉·오)였다. 촉(蜀)은 멀리 서쪽에 자리했었으므로 한반도 세력과는 관계가 없고 한반도의 나라들은 위와 오 두 나라하고만 관계를 맺었다.

한반도 : 백제는 위와 싸우면서 한편으로는 규슈의 구노국(狗奴国)을 지원하였으며, 신라는 백제와 대립관계에 있었다.

　왜 : 노국(奴国), 야마토국은 중국의 한, 위, 그리고 신라와 좋은 관계를 맺었다.

이러한 관계를 성립시키는 것이 '적의 적은 우리 편' 이라는 지금도 변치 않는 국제외교의 공리입니다.

[중국·한반도·일본열도의 관계도]

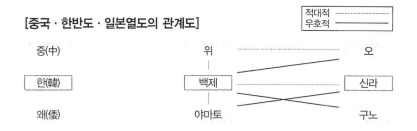

일본 정사는 백제계 학자가 썼다

　마한, 변한, 진한 등 가라족(韓族)계 부족국가들이 진(辰)왕의 지배를 받고 있었을 때의 일입니다. 온조, 비류가 남하하여 백제를 세웠다고 하는데 이 역사적 사실은 일본 정사 『고사기』의 야마사치히코(山幸彦), 우미사치히코(海幸彦)의 이야기에도 반영되어 있습니다. 이들 이름에는 각각 '산과 바다에서 복을 얻은 자' 라는 뜻이 있습니다. 일본창조신의 손자 니니기노미코토가 하늘나라에서 땅에 내려온 후 낳은 두 아들인 야마사치히코, 우미사치히코는 각각 산과 바다에서 사냥과 고기잡이를 하며 살고 있었습니다. 그러던 어느날 동생인 야마사치히코가 형 우미사치히코에게 억지로 낚시바늘을 빌려서 낚시를 하지만 물고기는 한 마리도 못 잡고 도리어 낚시바늘을 잃어버리고 말았습니다.

　형 우미사치히코 역시 동생의 활로는 아무것도 잡을 수가 없었습니다. 동생은 형에게 바늘을 잃어버린 것을 고백하고 자신의 칼로 500개나 되는 바늘을 만들어서 돌려주려고 했지만 형은 어떤 일이 있어도 원래의 바늘을 돌려달라고 고집을 피웠습니다. 결국 야마사치히코는 바다신의 도움으로 용궁에 가서 낚시바늘을 찾아 몇

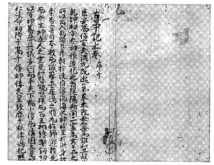

고사기

일본서기

년 만에 육지로 돌아와 형에게 돌려줍니다. 그후 형은 나날이 가난해지고 동생은 매일 부자가 되어갔습니다. 형은 동생을 시기하고 공격했지만 오히려 지고 동생에게 사과를 합니다. 이로써 형 우미사치히코의 자손은 대대로 동생 야마사치히코의 자손을 받들 것을 약속하게 되었습니다. 이 이야기는 앞으로 등장하는 왜 왕가의 교체과정을 암시하고 있습니다. 미리 결과만 말하면 동생 야마사치히코의 자손 중 한 명이 오진(應神) 천황이 됩니다. 이 이야기는 일본 정사 『기기(記紀)*』에 기록되어 있는 것입니다.

온조·비류와 야마사치히코·우미사치히코 형제는 공통적으로 형이 어리석은 자 혹은 패자로 기록하고 있습니다. 『기기(記紀)』는 한 천황(天武)의 명에 의해 기획되었고 백제출신인 『고사기(古事記)』의 저자 히에다노아레(稗田阿礼)는 이 사실을 알고 있었던 것입니다.

고사기(古事記)

712년에 완성되었다. 천황의 명으로 이두식(만엽문자)으로 쓰여진 일본정사이며 시가와(詩歌)와 설화가 많이 포함되어 한국의 『삼국유사』에 해당한다.

일본서기(日本書紀)

720년에 완성되었다. 천황의 명으로 편집되었으며 순 한자식으로 씌어져 있는 일본정사로 한국의 『삼국사기』에 해당된다.

동양의 역사관에 의하면 당대는 역사를 편찬하지 못하고 사료(史料)만 남기고 그 다음 왕조가 전 왕조의 역사를 편찬한다. 『삼국사기』가 고려왕조의 김부식에 의해 편찬된 것은 이 때문이다. 그러나 『고사기』, 『일본서기』는 각각 712년, 720년에 천무(天武)천황에 의해 자기 중심적으로 편찬되었으니 동양의 역사철학에 의한 정사개념에서 벗어난다.

II-2 '기마민족 정복왕조'

*담로의 '담'은 울타리를 뜻하며 일본어로는 기지를 뜻하는 「たむろ(屯)」이다. 일본 최초의 정이대장군은 백제계인 사카노우에 다무로마로(坂上田村麿)이다. '다무라(田村)'는 곧 담로이며 '마로(麿)'는 우두머리로 군사령관에게 걸맞는 이름이다. 이는 '저장하다(모으다)'는 뜻의 일본어「溜(たまり)」, 貯める」등과 같은 계열의 말이다. 『고사기』 「중애기(仲哀記)」에는 "(오진천황은) 뱃속에 있을 때부터 천하를 다스렸고, 태어나서는 담로(淡路)에 머무를 곳을 정했노라」 라는 구절이 있다. 이 기록은 「淡路(たんろ)」가 담로(擔魯)와 같은 것임을 강하게 시사하고 있다.

기지(基地)를 뜻하는 담로(擔魯)*의 규모가 커지면 새나라 세우기가 되는데 그것이 기마민족 정복왕조로 이어집니다.

기마민족의 특성

가축과 함께 이동하는 기마유목민족의 특징은 한곳에 정착하지 않고 목초를 찾아 소단위의 가족이 뿔뿔이 흩어져 이동하는 부족사회입니다. 그러나 기후가 안 좋아 목초가 없어지면 여러 부족이 연합하여 대집단을 만들어 농경민을 약탈하는 것이 정석입니다. 이것이 정복왕조를 만들어내는 원동력이 되었고 이러한 집단의 특성상 이해관계가 서로 맞지 않으면 금방 분열되고 마는 것입니다. 농경민족은 원칙적으로 장자 상속인데 비해 기마민족은 현실적인

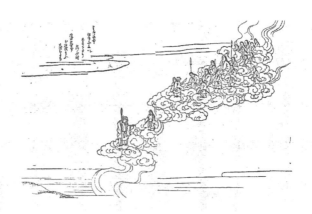

일본의 천손강림 신화: 기마민족 정복왕조는 천손강림신화를 꾸몄다.

이익을 추구하여 수령을 실력중심으로 평가하고 젊은 차남이나 삼남이 상속하는 경우가 적지 않습니다. 특히 부여족은 형제·혈육의 다툼이 원인이 되어 새로운 정복이 펼쳐집니다. 그 실태는 고대 신화에 잘 나타나 있습니다.

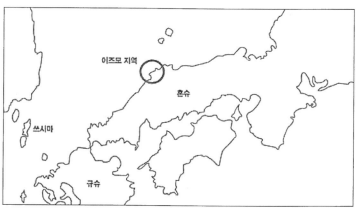

이즈모 지역 위치:신라계는 이즈모에 개척신화를 남겼다.

1. 고조선의 단군신화는 하늘나라 환인의 서자(庶子) 환웅이 지상세계에 관심이 있음을 알고 부하를 붙여 아사달에 강림시킨다는 이야기입니다. 여기에서 주목할 것은 환웅을 굳이 '서자' 라고 잘라 말하며 적자가 아님을 밝힌 대목입니다.

2. 고구려의 시조 주몽은 부여국의 7왕자 중 하나로 태어났습니다. 왕권을 둘러싸고 형들과 싸워 그들의 시기에 견디다 못해 탈주하여 고구려를 세웁니다.

3. 백제의 시조 온조는 주몽의 여러 왕자 중 하나로 태어났습니다. 그러나 왕이 될 가능성도 없이 오히려 신변의 위협을 느껴, 바로 위의 형 비류와 함께 몇 명의 부하를 데리고 탈주하여 서울*에 가까운 한강 유역에 한성백제를 세웁니다. 한편 형인 비류는 처음에 인천 근처에 나라를 세웠고 그 후에 웅진(공주)으로 나라를 옮깁니다.

이와 같이 백제에는 2개의 나라가 있었습니다. 광개토대왕 비(碑)에는 백잔(百殘)과 이잔(利殘)의 두 나라가 등장합니다. 백잔은

곰 석상:공주에서 출토된 곰신앙을 나타내는 곰 석상

*서울은 '서+울', '서' 는 모음 변화하여 일본어로는 「す」 가 된다. 「す」 는'가장, 최고의' 등의 뜻이 있다. 스메라(すめら)는 천황을 뜻한다. '울' 은 '영성(領城)' 이라는 뜻으로 즉 '서울' 이란 '제일의 영성' 으로 '수도' 를 가리킨다. 신라와 백제의 수도는 각각 서라벌, 서부리로 서울과 같은 뜻이다.

동생인 온조가 세운 나라로 한성백제이며, 이잔은 형 비류가 세운 나라로 웅진(곰나루*백제)입니다. '잔(殘)'은 고구려가 백제의 '제(濟)'를 얕보는 뜻으로 사용한 말로, '백제(百濟)·이제(利濟)'를 가리킵니다.

정복신화의 주인공

*熊津의 가라어는 곰나루이다. 이 곳은 일본천황가의 본관의 땅으로 일본 정사에는 久麻那利(구마나리)로 기록되어 있다.

『삼국사기』는 비류가 인천부근의 습지대에서 국가 건설에 실패한 것이 수치스러워 자살했다고만 기록하고 아예 웅진(久麻那利:곰나루) 백제의 존재를 무시하고 있습니다. 이것은 신라의 입장에서 쓴 것이기 때문입니다. (利는 久麻那利(웅진)에서 나왔습니다)

4. 김수로왕의 열 왕자 중 위 3명 이외에 7명이 열도로 건너가 규슈(구주) 남단에 새 나라를 세웠다는 것도 같은 줄거리입니다(AD 3세기 초).

앞서 소개한 일본의 야마사치·우미사치 신화도 이것과 같은 맥락에서 나온 것입니다. 이들 왕가는 한결같이 부여계의 진(辰)왕조 출신입니다*.

*고대 북동아시아에 관한 기록은 오직 중국문헌에만 남아 있다. 『후한기』, 『양서』 등에는 한강 이남이 원래 부여계의 진국이며 "진왕은 유이(流移)사람"이라는 기록이 있어, 진왕조 출신자들이 차례차례 한반도 남부에 정복왕조를 세웠음을 시사하고 있다. 이 사실은 언어적으로 한국어의 기초어에는 토착어, 북방계(부여족), 남방계(벼농사민)의 말이 섞였음을 시사한다.

7명의 칸(干)이 일본에 강림했다

『삼국유사』의 「가락(가야)국기」에는 기마민족 정복국가 수립에 관한 전형적인 과정이 다음과 같이 기록되어 있습니다.

"옛날 그 나라에는 9명의 족장 즉 왕(干)이 있었다. 나라 이름도 군신의 구별도 없이 사람들은 우물을 파서 물을 마시고 땅을 갈며 살고 있었다. 어느 봄날 구지봉(龜旨峯)에 이상한 기운이 떠돌아 사람들이 모였다. 그러자 돌연 하늘에서 '새로운 나라를 만들 왕을 이 땅에 내리겠노라' 하는 목소리가 들렸고 잠시 후 황금알이 하늘에서 내려왔다. 그 알에서 태어난 아이 중 하나가 나중에 김수로왕이 된다."

　재미있는 것은 고구려, 신라, 가야의 시조들은 모두 알*에서 태어난다는 것입니다. 그 설화의 알은 북방(부여)계의 것으로 그저 아무데나 있는 알이 아니라 처음부터 왕이 태어나는 알로 사람들의 희망의 알이었던 것입니다. 그리고 그 알을 벼 농사를 하던 남방계의 요소가 짙은 원주민이 길러서 왕으로 모신 것입니다. 9명의 족장(干)이 있던 9개의 마을은 마치 중국의 요순(堯舜)시대를 떠올리게 하는 소박한 것입니다. 거기에 기마민족 특유의 통치능력을 지닌 자들이 지배자로 들어왔음을 시사하고 있습니다. '干'이란 몽고어계 단어로 칭기즈칸의 '칸'과 같이 수장 또는 왕을 뜻합니다.

　김수로를 시조로 하는 김해 김씨 가문에 전래되는 이야기에 따르면 김수로왕과 왕비 허씨 사이에서 태어난 10명의 왕자 중에서 장남이 왕위를 잇고 차남은 어머니의 성을 받아 허씨의 시조가 되었으며 셋째는 거술(居率)군에 봉해졌습니다. 나머지 7명의 왕자는 찬밥신세였든지 이 세상이 싫어져 하늘, 또는 어딘가로 가버리고 맙니다. 그러면 그 7왕자는 어디로 간 것일까요? 7왕자는 바다 건너 신천지 일본열도를 개척한 것입니다.

민족이동과 정복
　『고사기』의 천손강림신화는 '김수로왕의 7왕자'에 관한 이야

*알 aru - araware(ru)
　　あらわれる(現れる)
　　ara(ta) あらた(新) -
　　atarasii あたらしい(新)
　　aratamu あらたむ(改)
알은 일본어와 대조하며 새로이 나타난다는 뜻이 내포되어 있다.

신화의 초대 일본천황(정복왕)

기의 재판입니다.

　"하늘에서 니니기오미코토(天孫迩芸命)는 구시후루(久旨布流)봉에 강림했다. 이 장소는 가야국과 마주보고 있으며 아침 해가 들어오고 저녁 해가 비추는 좋은 땅이다." 여기서 말하는 하늘이란 아마도 그들의 출생지인 가야의 땅을 가리키는 것으로 보입니다. 「く^{ku}し(久旨)」^{si}는 김수로 신화의 '구지(龜旨)'와 발음이 같습니다. 「구지봉(龜旨峯)」과 「く^{ku-si}し(久旨)」는 '굿'을 나타내며 「ふる^{hu-ru}(布流)」는 마을, 또는 고을이므로 「く^{ku-si-hu-ru}しふる」는 성지를 뜻합니다. 또한 「く^{ku}し」^{si}는「くすたま^{ku-su-ta-ma}(奇魂:신비스러운 혼),くすぐる^{ku-su-gu-ru}(간지럽히다)」와도 통해 무당의 굿으로 신을 어르는 것을 말합니다.

　『고사기』의 신화는 가야 구지봉에서 천손강림을 경험한 무리의 후손이 다시 한번 일본열도에서 왕조를 건설했음을 시사하고 있습니다. 북방에서 시작된 민족이동은 고조선 · 고구려 · 백제왕조 이래 천손강림의 연속이기도 했습니다. 최초에 단군으로 시작하여 김수로, 그리고 김수로 왕의 7왕자로 이어집니다. 즉 김해 김씨가 일본 천황가(崇神 숭신계)의 시조이며 『삼국사기』*의 기록과 비교, 추정하면 기원후 3세기 초로 생각됩니다. 일본열도에는 7왕자를 상징하는 「ななくま^{na-na-ku-ma}(七隈)」 신화가 남아있습니다. 「隈,熊」는 둘 다 일본어로 「くま^{ku-ma}」라고 읽습니다. 이들의 직계 중 하나가 천황가의 시조인 진무천황(神武天皇), 즉 스진(崇神)과 같은 인물이 되었으며* 나라(奈良)에 진출했습니다. 고구려의 시조 주몽이 거북의 도움을 받아 위기를 넘긴 것처럼 진무천황 또한 동방정벌에 나섰을 때 거북을 탄 구니츠카미(国津神:토착신)의 도움을 받았습니다.

*『삼국사기』에 고구려 · 백제왕조의 천손강림신화가 없는 것은 필자인 김부식이 유학자였고 신라왕조 중심으로 씌어져 있기 때문이다.

*『기기(記紀)』는 천황가가 한반도 왕조보다 오랜 역사를 가진 것처럼 꾸미기 위해 여러 명의 가공의 천황을 꾸몄다. 제1대가 진무(神武)로 되어 있지만 그것은 스진(崇神)과 동일 인물이다.

한반도에서 야마토로 진출한 세력들 – 스진(崇神)

기내(畿內)는 일본열도의 중심이며 그곳을 지배하는 자가 일본 열도의 패권을 가지게 됩니다. 그러나 처음 한반도에서 일본열도로 건너간 사람은 아무도 열도의 지리적 조건을 알 수 없었습니다. 한반도에서 일본으로 건너가는 길은 대마도를 거쳐 규슈 북부로 가는 것이 주된 것이었습니다. 또 하나의 길은 신라 영일만에서 나와 해류를 따라 직접 시마네현(島根県) 이즈모(出雲)로 건너가는 것이었습니다. 실제로 일본 역사는 한결같이 규슈와 이즈모에서 시작됩니다.

처음 열도로 들어간 것은 가야계의 왕조보다도 한발 앞서 정착한 니기하야히미코토(饒速日命)*를 선조로 하는 신라계의 모노노베(物部)씨 일족입니다. 가라계가 규슈에 정착하는 사이 신라계는 이즈모에 자리를 잡고 산 넘어 기내에 진출한 것으로 보입니다.

규슈는 벼농사의 적지가 많아 열도로 건너간 한반도인들은 그곳에 머물러서 세력을 확장하는데 그 일부가 세토내해(瀬戸內海) 연안을 통해 차차 기내로 들어갑니다.

한편 이즈모 지역으로 건너간 자는 산맥을 넘어 기내에 진입합니다. 이즈모의 신라계와 규슈의 가야계가 기내에서 충돌하는 것은 시간문제입니다. 일본 정사 『기기』는 이들 사이의 충돌을 가야가 토착민을 정벌했다는 신화의 형식으로 담고 있습니다. 드디어 일본 천손강림 신화에 등장한 가야 김수로 왕의 일곱 왕자계열이 등장합니다. 아마도 가야의 연합세력의 뒷받침으로 규슈 진출(천손강림)이 감행되었을 것입니다. 그들은 규슈 남단에서 세토내해를 거쳐 야마토로 들어가 가야가 멸망한 532년까지 본국과 긴밀한 관계를 유지했습니다. 이들이 초대 천황가 스진(崇神) 왕조입니다.

*饒「にぎ」ni-gi에 대응하는 가라어는 '익(다)'이다. 이것은 익히다 라는 뜻의 일본어「煮る」와도 같은 계열이다.
速 はや haya … baru 발
　　　　h … b
니기하야히미코토(饒速命)는 '이른 시기에 건너가 토지를 경작하여 수확을 한 신' 의 뜻으로 선착자임을 나타내고 있다.

왜 오왕 –오진(應神=熊津)

　　김수로 왕 계열과는 별도로 뒤늦게 들어간 것이 고구려의 광개토대왕에 밀려 내려간 백제계 웅진 출신의 오진입니다. 오진은 야마토(大和)로 들어가 스진(崇神)계를 타도하고 왕조를 세웁니다. 5세기 중국, 송의 정사인 『송서』 「왜국전」 에는 약 100년간에 걸친 찬(讚), 진(珍), 제(濟), 흥(興), 무(武)의 왜오왕(倭五王)이 잇달아 송에 사신을 보내 조공을 했다고 기록되어 있습니다.

　　이 오왕에 관한 일본학계의 견해는 대체로 오진(應神)부터 시작되는 다섯 명의 왕으로 지목하고 있습니다. 정사인 『기기』 에는 형식상 스진계와 이어져 있으나 두 번째의 계통이지요. 왜의 오왕 즉 오진 이후의 다섯 대에 걸친 왕조 동안 일본열도에는 전에 없던 새로운 마구(馬具)와 대고분이 나타남으로써 기마군단이 등장했음을 시사하고 있습니다.

철제마구

철제갑옷

　　오진(應神) 세력은 규슈에 있는 비류계 백제(웅진백제)의 분국 구노국과 손을 잡고 기내에 있던 선착세력을 하나씩 격파하면서 한편으로는 중국남조의 송(宋)에 조공을 하는 등 화려한 국제외교도 전개하며 남한의 지배권을 인정해 줄 것을 요구합니다. 여기서 주목해야 할 것은 규슈에 있었던 히미코여왕의 나라 야마토(邪馬台)는 중국 북조의 위(魏)에 조공했는데 기내 야마토(大和)의 왜 오왕들은 백제와 같이 중국 남조(오나라)에 사대했다는 사실입니다. 이것만으로도 왜 오왕은 백제노선이며 야마토(邪馬台)와는 별계통의 왕가라는 것이 분명해집니다.

　　왜 오왕의 초대 오진은 백제의 지명 ‘웅진(熊津)’ 과 마찬가지로 ‘응진’ 이라고 읽습니다만 이것을 우연의 일치라고는 생각할 수 없습니다. 다섯 대에 걸친 정복적 성격이 강한 이 왕들은 계속 온조백제와 밀접한 관계를 유지하고 있었던 것입니다.

　　유럽의 정복왕조에서도 비슷한 예를 찾을 수 있습니다. 노르망디 공은 노르만 정복(1066년)을 단행하여 브리튼 왕(영국)이 되었습니다. 그러나 노르망디 공도 겸하고 있었기 때문에 그 땅을 자신의 것이라고 주장하며 프랑스를 상대로 백년전쟁을 일으켰습니다.

　　한강 이남의 백제 · 가야 · 신라 등의 나라는 원래 부여계의 진왕(辰王)에게 영유권이 있던 영토입니다. 요컨대 오진왕조(왜오왕)는 진왕의 직계임을 자부하고 나름의 근거를 갖고 남한 땅의 지배권이 있다고 우긴 것입니다.

　　『일본서기』에 따르면 오진천황은 신라정복을 위해 출정한 신공황후가 가야(임나)에 있을 때* 이미 뱃속에 있었습니다만, 산달이 되자 한반도에서 태어나지 않도록 억지로 배(腹)에 돌(石)을 감고 겨우겨우 일본열도로 돌아가 규슈에서 태어났다고 되어 있습니다. 자칫 잘못했으면 어중간한 한반도인이 될 뻔 했던 것입니다. 그

노르만 퀀퀘스트

*백제가 가야에 머무를 때의 일이었다.

러나 이 신화가 상징하는 의미는 깊으며 그 후 다시 한번 무령왕에 관해서도 되풀이합니다. 오진은 명목상 그 인연을 근거로 천지신기(天地神祇)로부터 진국(辰國)에서 파생된 백제, 신라, 삼한(마한, 진

한, 변한)과 일본열도의 통치를 맡았다고 합니다. 실제로 5세기의 왜오왕 이후 7세기 초의 왜왕조(스이코:推古) 때까지의 왜가 진왕조의 나라였음이 밝혀지고 있습니다(江上波夫『騎馬民族國家』).

고구려 고분 벽화(무용총)

　　한반도 출신이면 왜의 왕이 될 수는 없으며 또한 한반도(辰) 출신이 아니면 삼한의 통치권을 가질 수 없다는 조건으로 이 신화를 만들어낸 작가는 절묘한 픽션을 생각해낸 것입니다. 오진이 어머니의 뱃속에서 한반도를 방문했었다는 신화는 오히려 그가 남한 출신임을 강하게 암시하고 있는 것입니다. 이 사실은 단순한 아이디어가 아니라 일관해서 남한의 지배권을 인정해달라는 왜왕의 대중국 외교의 기본노선이 되었습니다.

　　신천지 일본열도에서는 한반도에서 건너온 오진계 세력이 미국의 개척 초기 유럽 각 지역 출신지 별로 세력을 겨루었던 것과 마찬가지로 한반도의 각 지역에서 온 세력과 겨루었으며 매일 싸움이 그치지 않았습니다. 오진 이후 다섯 왕 중 마지막 무(武)가 송나라에 보낸 문서에도 이러한 사실이 반영되어 있습니다. 이 문서에 대한 것은 다음 장에서 자세히 설명하겠습니다.

에가미의 저서

기마민족 정복왕조설

8·15 후 동양사학자 에가미 나미오(江上波夫) 교수의 「기마민족 정복왕조 설」은 그 전까지 신화를 덧칠하여 그 밑에 숨겨져 있던 고대의 야마토왕조와 백제왕조의 관계에 대한 윤곽을 드러낸 것으로 국내·외에 큰 충격을 주었다. 그 내용의 중심은 북동아시아 기마민족인 부여 출신 진(辰)왕계가 한반도를 경유하여 일본에 건너가 왕조를 건설했다고 하는 것이다. 기마민족계의 문화가 5세기 일본열도에서 급속히 퍼진 것 등을 근거로 「한·왜 연합왕국」의 가야계 정복왕(崇神天皇)이 일본열도를 정복했다는 것이 골자이다.

이것을 계기로 신화의 안개가 걷히고 뚜렷한 동북 아시아의 고대상이 선명하게 보이기 시작했다. 그 큰 흐름에는 이론(異論)이 없으나, 대고분과 마구 등이 등장하는 것은 왜오왕의 초대왕 오진천황 때부터였다.

경주 천마총 천마도: 기마민족의 상징

한·왜 연합의 꿈

고대 일본열도 세력의 성장과 몰락은 급속했습니다. 백제계 오진(應神)보다 150년 전의 히미코(卑弥呼) 시대에는 겨우 신천지에 정착하여 대륙 세력으로부터 인정받는 것으로 만족했었습니다. 그러나 왜오왕(倭五王)들은 일본열도뿐만 아니라 한반도 남부의 통치권 모두를 당당히 주장합니다. 히미코는 부족국가의 무당왕이지만 왜오왕은 당당한 정복왕이었습니다.

마지막 왜의 다섯 왕 중 무(武)가 송의 순제에 보낸 국서에는 "조부의 때로부터 동의 토착민 55국, 서(규슈)의 66국, 바다 북쪽에 있는 99의 나라 한반도를 평정했습니다"와 같이 씌어 있습니다. 여기서 바다의 북쪽이란 한반도를 가리키는데 왜국의 왕일 뿐만 아니라 마한, 진한, 신라, 백제, 임나를 포함한 6국의 통치권을 갖는 것이 당연하다는 것이었습니다. 특히 그가 정복했다고 주장한 한반도 99의 나라는 진왕국의 영토와 구마나리(웅진)* 백제에 있던 나라들을 자랑한 것입니다. 이 문서는 고구려가 대거 남하하여 현재의 서울 근처의 한성백제를 함락시키기 3년 전인 475년에 씌어진 것이었습니다.

이 무렵 5세기 왜의 실질적인 지배영역은 겨우 기내의 일부 지역이었습니다. 8세기 백강전투 이후에도 동국(관동)·동북은 아이누의 지역이었으며 일본열도가 통일일본이 된 것은 10세기 이후의 일이었습니다. 그런데도 5세기의 왜왕이 멀리 바다 건너 남한 지역 땅의 지배권을 생각하다니 매우 엉뚱한 일입니다. 일본열도 내도 제대로 지배하지 못했던 왜왕이 무슨 이유로 남한 땅의 지배권을 요구하였는지 이해 못할 일입니다.

그러나 고구려땅에 대해서는 일언반구도 없습니다. 왜왕은 남한과 열도의 한·왜 연합국의 왕이 될 꿈을 꾸고 있었던 것입니다. 뿐만 아니라 송(宋)나라도 오진왕조가 진국(辰國) 왕가 출신임을 알고 왜왕의 논리를 부분적으로 인정하고 대응하면서 한성백제만은 제외한 나머지 나라의 영유권을 인정했습니다. 송나라 입장에서는 한성백제가 진의 직계왕통이며 왜는 방계로 본 것입니다. 이 무렵 한성백제 또한 고구려의 남하를 두려워하여 일본 열도 내에 기지를

*구마나리(久麻那利) : 구마나리의 구매(久麻)는 곰을 뜻하는 일본어 「くま(熊)」이다. 부여족은 곰 신앙을 가진 부족이었다. 나리(那利)는 '흐름(流ながれ)'이라는 뜻으로 '나르다'에서 나온 말로 항구, 선착장을 뜻한다.
나리 nari - nagare ながれ 流
항구를 뜻하는 일본어 「みなと(港)」에 대응하는 가라어 '나루터'는 한자로 '津(진)'이라 쓴다.
나루터 naruto - minato みなと 港
즉 구마나리(久麻那利)는 곰의 진(津)으로 '熊津'이다. 또한 '應(응)'과 '熊(웅)'을 같은 것으로 보고 오늘날에도 '應津'이라 쓰기도 한다.

만들 필요가 있었습니다. 백제왕도 한·왜 연합국의 꿈을 왜왕과 공유하고 있었던 것입니다.

즉 일본 기내에 있는 구마나리(웅진) 세력인 왜왕과의 연합이었습니다. 백제는 있는 힘을 다하여 왜오왕의 국가건설에 도움을 주었습니다. 그후 약 200년 후인 663년, 백제는 완전히 멸망합니다만 그 근본원인은 백제의 힘이 한반도와 일본열도로 나뉘었기 때문으로 볼 수도 있습니다.

야마토(大和)는 백제의 '지점(담로)'

중국역사서『양서』에는 "백제는 군현(郡縣)과 같은 것을 담로(擔魯)라고 부르며 그것을 왕의 종족이 다스리고 22개가 있다" 고 씌어져 있습니다. 하지만 이것은 군현제, 봉건제 이전의 제도로 알기 쉽게 요즘의 말로 본점(본국)과 지점(담로)의 관계입니다. 종손이 아닌 아들에게 최소한의 자본을 주고 자회사 지점을 내는 것과 마찬가지로 본국과 담로 간에 연합제를 만든 것입니다. 형제끼리 싸우기 보다는 밖으로 나가서 나라를 세우는 것을 장려한 것입니다. 이들 담로는 그후 나라이름이 달라지지만 창설자는 주로 진(辰)왕조 출신입니다.

백제는 일본열도 각지에서 농업을 하면서 군사를 맡았던 둔전병(屯田兵)과 같은 담로를 만듭니다. 원칙적으로는 왕족출신이 담로의 장입니다. 담로는 일본어로 「たんろ(淡路)」 입니다. 현 오사카(大阪) 공항에 가까운 아와지시마는 한자로 「淡路島」 인데 이곳이 진무계 세력이 오사카에 상륙하기 위한 전선기지였을 것입니다.

일본국토를 만들었다는 이자나기·아자나미 신화에도 등장하

국토를 만드는 남녀 신

는 담로(淡路)는 그들의 실패작으로 결국 새로운 담로를 오사카 근처에 다시 만들게 됩니다.

이는 진무군(神武軍)이 섬(淡路島)을 단념하고 나라(奈良)로 진출했음을 시사하고 있습니다.

또한 『양서』에는 '백제'라는 이름에 대해 "해외활동이 왕성하여 백가제해(많은 사람들이 무리를 이루어 해상활동을 한다는 의미)에서 나왔다"고 기록되어 있습니다. 일본 야마토(大和)가 백제의 담로이며 백제를 '큰 나라(본국)'라 불렀던 것도 그 때문일 것입니다. 『기기』의 필자는 백제계 역사가로 百濟를 글자대로 「ひゃくさい」라 하지 않고 「くだら(큰 나라)」로 표기하고 있습니다.

전후 일본과 한국에 주둔했던 GI(미군)들이 본국을 State Side라 했던 것과 같습니다. 제가 처음으로 그 말을 들었을 때 US로 착각했지만 '본국'과 같은 뜻이었습니다. 해외에 있는 자가 본국을 그렇게 부르는 것이 자연스러웠을 것입니다.

아스카는 백제의 망명자를 받아들였다

백제의 귀족들에게 왜의 수도는 살기 좋은 곳이었습니다. 이에 관련된 『삼국사기』에는 없는 흥미로운 기록이 『일본서기』에 있습니다.

"작년(641년) 11월, 최고직인 대좌평 지적(智積)이 은퇴하고 올해(642) 정월에 왕의 어머니가 돌아가시자 왕의 남동생의 아들 교기(翹岐)와 그 가족 및 중신들 40명이 유배당했다. 또한 4월에는 교기왕자가 부하와 함께 천황에게 배알했다. 그후 왜의 최대호족 소가노 에미시(蘇我蝦夷)는 그의 집에 교기(翹岐) 일행을 불러서 대접했다.

씨름도

일본의 스모도

　7월 22일, 백제의 사신 대좌평 지적(智積)들에게 조정에서 향응하고(그는 작년인 641년 11월에 백제왕조를 은퇴했다) 교기와 함께 씨름*을 관람했다. 연회가 끝난 후 지적들은 궁궐을 나서 교기의 집으로 가 문 앞에서 배례했다. "

　641년부터 그 다음 해인 642년에 걸쳐서 '교기' 의 이름이 무려 10차례 이상이나 『일본서기』에 등장하고 있습니다. 백제 의자왕의 모친이 세상을 떠나자 귀족간에 불화가 생겨 다툼에 패한 교기는 섬으로 유배를 가게 되었고, 교기의 불행을 안 왜왕(皇極女王)은 도움의 손길을 내밀어 왜에 맞아들였습니다. 또한 642년 11월에는 왜 조정에서 향응을 받았고 그후 소가노 에미시는 교기를 자택으로 초대한 것입니다.

　이 글에 묘사된 장면으로 볼 때 그들은 마치 친척끼리 담소를 나누는 것 같습니다. 즉 백제왕가와 왜왕가의 언어는 공통적이었던 것입니다.

*相撲 : 고구려 벽화에는 씨름 그림이 있다. 가라어 '싸움' 은 '씨름' 과 동일 계열의 언어이며 또한 일본어 「すもう(相撲)」와도 같은 계열이다.

싸움 saumu – sirumu 씨름
　　　　　↓
　　　　　　sumou すもう

싸울 아비(男) saulabi
　　　　samuraiさむらい(侍)
가라어의 중간음 'ㄹ' 은 자주 탈락 한다.
(예) 雲 구름 kurumu – kumu – kumo くも

II-3. 오진 엑서더스

백제문화와 문화어의 이전

왜는 백제인을 적극적으로 받아들였습니다. 왜는 대륙 왕조로부터 보증, 즉 요즘 말로 안전보장을 받기 위해 외교관을 파견하였고 외교문서는 백제에서 온 학자에게 맡기는 등 백제인은 왜에서 외교 및 교육 등 다양한 일을 도맡아 활약했습니다. 한편 백제왕은 왜의 국왕 오진(應神)에게 아직기(阿直岐)*와 바느질 아가씨(縫衣工女)를 보내고 말 2필을 헌상했습니다.

일본외교를 복장과 문서 면에서 도맡아 활약했던 것 역시 백제인이었습니다. 예(礼)가 중심인 중국과의 외교에서 의관은 중요한 요소였습니다. 이 때문에 외교관의 복장이 초라하면 상대에 무시당하기 십상이었습니다. 당시 중국에서 그려진 그림을 보면 왜 사절의 복장은 관두의(貫頭衣)로 겨우 천으로 몸을 감싸는 정도였으며 신도 없이 맨발이어서 전혀 외교관의 행색을 갖추고 있지 않을 뿐만 아니라 백제사신의 화려함에 비하면 한참 뒤떨어져 보입니다. 백제, 신라의 예를 보면 알 수 있듯이 국가체제는 공복(公服)의 정비에서부터 시작되었으며 예나 지금이나 국력의 상징인 문화는 곧 의복에 나타납니다. 대륙과의 외교를 의식하기 시작한 왜는 복장에 대한 관심이 높아져 갔습니다.

일본이 국제무대에 등장할 때 활약했던 백제에서 건너간 최고의 패션디자이너인 바느질 아가씨들은 왜 조정에서 큰 대우를 받고

*'지기(直岐)'는 '전문가'라는 뜻으로 '아직기'는 '마(馬)지기'라 불리는 백제의 말 담당관리였다. 또한 이 말은 보통 말이 아닌 매우 좋은 종마였을 것이다.
마(ma) → 아(a), 즉, 마지기(majigi) → 아직기(ajiggi)

┌ 지기
│
└ 지기 – siki しき(職)

가라어 '지기*'는 일본궁중에서의 직분을 나타내는 일본어 「しき(職)」에 해당한다. 일본에서도 「職」을 「しょく(syo-ku)」라 하며 한국에서는 '직'이라 읽는데 이는 「しき(si-ki)」와 발음이 비슷하다. 한국어 '마(馬)'와 같이 한국 고유가 중국한자어 발음에 영향을 미친 일례가 아닐까 생각이 된다.

大膳職(だいぜんしき da-i-jen-si-ki) : 일본 궁중의 연회담당百敷(ももしき mo-mo-si-ki) : 궁중의 벼슬아치들, 즉 百官, 최고 귀족 소가(蘇我馬子)의 이름에서도 알 수 있듯이 그 당시의 말 기술자(馬子) 마지기는 요즘의 미사일 기술자를 능가하는 높은 대우를 받고 있었다.

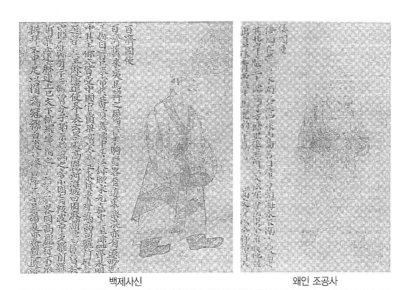

백제사신   왜인 조공사

비교되는 옷차림을 하고 있는 두 사신

일본 복식전문가의 시조가 됩니다. 그 때문에 현재까지 의복과 관련된 일본말에는 백제어가 많이 남아있는 것입니다.

『기기』에서는 바느질 아가씨를 「絹縫い女」_{ki-nu-nu-i-on-na} 라고 하고 있습니다. 그녀들은 고급 견직물을 원단으로 사용했던 것입니다. 오진 17년에는 "2명의 고관을 구레(吳)로 보내어 바느질 아가씨를 요청했다"는 기록도 있습니다. 구레(吳)는 양쯔강 하구 나라입니다. 지금도 '吳服'_{go-hu-ku} 는 일본 옷(기모노)을 뜻합니다.

실제로 왜는 이 글대로 고생스럽게 오나라까지 가서 바느질 아가씨를 요청했던 것일까요? 아마도 이 기록에 등장하는 구레는 '吳'가 아니라 '고구려(高句麗)'를 뜻했을 것으로 사료됩니다. 고구려는 'Korea' 이기도 하며 '꼬레' 라고도 불리고 있습니다.

다카마쓰 고분 벽화:화려한 비단 옷 차림은 고구려 고분벽화에서도 볼 수 있는 것이다.

누비(다) nubi - nufu - nuu ぬう(縫う)

바늘 banuru - haru - hari はり(針)

질 jiru - siru しる

* 일본어 「する こと(할 일)」는 「しごと(일), しかた(방법)」 등의 'し'에서 파생했다.

'질'은 명사의 뒤에 붙어서 반복적 동작이나 행동의 뜻을 나타내는 말이다.

예) 바느질

실 siru-chiru-kinu きぬ(絹, 衣)

일본 옷 「着物」는 きもの

iru - ito いと(糸)

* 실(siru)이 いと(ito)가 되는 것과 같이 변화하는 단어의 예

싫(다) - siruta - iruta - ita

(s탈락)|(ru탈락)

itofu いとふ(厭)

'실'은 silk에서 온 말로 일본어 「きぬ(絹, 衣)」라는 단어에서 실크로드의 'silk'로부터 이어져 온 것이다. 고대 일본 왜 오왕시대에는 직물기술집단을 「服部(はっとり)」라 불렀다.

베 틀 betoru - hatoru - hattori はっとり(服部)

올 oru - ori おり(織り)

[(실) 올
[ori おり(織), おりもの(織物)

※ '올'은 실 한 가닥을 뜻하는데 한국어 '올'과 일본어 「おり(織)」는 '얽히(다)'로 파생된다. 이는 더욱 의미의 범위가 넓어져 '관계하다'라는 뜻이 된다. 아마도 연고, 관계를 뜻하는 일본어 「ゆかり」도 여기에서 나온 말일 것이다.

올…얽히(다)oriki … ukiri … yukari ゆかり 由

고대 일본에서는 직물을 짜는 족속을 「おりべ(織部)」라고 했지만 성씨로 남아 있다. 일본에서는 部를 「べ」로 읽는데 한국어 '놀이패, 패거리'의 '패'로서 고대의 직업집단을 뜻한다.

옷깃의 '깃(ki)'는 옷감의 뜻으로 쓰이는 「きじ(生地)」

ki - kisi - kiji

이 시기에 양잠기술 또한 전래되었다. 의복을 뜻하는 일본어 「衣(ころも)」는 저고리 등을 입을 때에 묶는 허리끈을 뜻하는 한국어 '(옷)

고름'과 관계가 있다.

> 고름
> korumu – koromo (ころも 衣)

『만엽집』에는 아름다운 한반도 옷을 두른 여성이 노래한 시가 적지 않다. 일본에서는 이 '아름다운 옷'을 「韓 衣」^{ka-ra-ko-ro-mo}라고 한다.

"아침 햇살에 나의 그림자는 가라옷의 치마저고리자락이 안 맞게 된 지 오래 되었다"

"朝影に我が身は成りぬ韓衣裾の合わずて久しくなれば(万2619)

(님을 그리며 차려 입은 고운 옷이 오랜 세월의 기다림 끝에 야위어 맞지 않게 됨)

'韓'을 '가라'로 읽게 된 것은 가야의 나라이름에서 유래된 것으로 '좋은 것(가라에서 온 것)'이라는 의미로 쓰였던 것이다. 가라 고로모(衣)는 영국의 양복점거리 '세비로'가 양복이라는 뜻의 대명사가 된 것과 같다.

바다를 건넌 기술자

① 술 기술자

그리스 신화에는 주신(酒神) 박카스가 있는데 일본에서 주신을 모시는 신사는 교토에만도 사가신사(佐牙神社)와 사카야신사(酒屋神社)의 두 군데가 있습니다. 이 중 사카야신사의 주인공은 『고사기』에도 나오는 수수호리(須須保利)입니다.

오진천황은 일본열도에 정착하자마자 "이보게, 여기 물은 달아"라며 백제사람들을 이끌었을 것입니다. 첫 정착자의 뒤를 이어 본국인 백제에서는 많은 사람들이 일본으로 건너갔습니다. 술 만들기 장인인 수수호리(須須保利)도 이들 중 한 사람인데 천황은 그가 만든 술에 대단히 만족하여 시를 짓습니다.

"수수호리가 만든 술에 나는 취한다…(『고사기』가요번호50)."

발효시킨다는 뜻의 한자 釀을 일본어로 읽으면 「かもす」(ka-ma-su)이며 이것이 '씹다(깨물다)'라는 뜻의 「かむ(噛)」(ka-mu)로 파생됩니다.

깨물(다) kemuru - kamo - hamu はむ(食)

씹는다는 것은 씹어서 침으로 '발효' 시키는 일이기 때문입니다. 사가신사(佐牙神社)와 사카야신사(酒屋神社)의 '사가'와 '사카야'는 모두 「かもす(釀)」(ka-mo-su)에 대응하는 가라어 '삭히(다)'에서 나온 것입니다. 한국의 술꾼들은 '술은 술술 마셔지니까 술이다'라고도 합니다. '술술'은 일본어의 「すらすら」(su / ra-su-ra)와 대응되며 한·일공통 의태어로 「すすほり(須須保利)」(su-su-ho-ri)의 「すり(須利)」(su-ri)는 '술(酒)'과 관련이 있을 법합니다. 만엽집에는 술을 노래한 시가 많이 있습니다. "님을 위해 만든 기다리는 술 혼자 마실까 친구도 없이"(万554)

5세기의 한반도(백제 전성기)

고구려

한성백제

백제

신라

웅진

가야

경주

84

멋들어지게 연주하고 춤추는 것도 백제에서 건너갔습니다.

"백제인 미마지(味摩之)는 구레(吳)*에서 기악(伎樂)을 배워 612년에 일본으로 건너와, 나라(奈良)의 사쿠라이(桜井)에 살며 젊은이들에게 그것을 전했다."(「推古紀」)

지금도 이 자리에는 그의 기념비가 그곳에 있습니다.

② 토목기술자

한편 백제출신 시기마로(芝耆麻呂)는 얼굴이 바둑이처럼 얼룩덜룩하여 같이 배를 탄 동행자들로부터 미움을 받아 바다에 버림을 당할 뻔했는데 "얼룩얼굴이어서 안 되는 것이라면 얼룩말은 어떠냐"하며 조롱을 받아 치고는 마침내 Japan Dream 에 성공하여 다리와 돌산을 쌓는 재능을 인정받아 중용되었습니다. 당시 왜에서는 어떤 인물이라도 한가지 재능만 있다면 중용되었던 것입니다.

*원래 구래(吳)의 지명은 고구려의 땅 황해도 주민들이 전라남도의 구례(求禮)로 이동했다가 백제 멸망 후 일본열도로 건너가 현재의 히로시마현(広島) 구레시(県市) 일대에 정착했다고 여겨지고 있다(김정학). 구레(吳)는 '성'을 뜻하는 고구려어 '溝漊(구루)'일 것이다. 県市는 일본해군의 본거지였으므로 어울리는 지명이다. 오우치씨(大内氏), 모리씨(毛利氏)를 비롯하여 く레(呉市)가 있는 세토나이카이 일대의 호족은 거의 백제계이다.

즙과 술

오늘날 '즙(汁:과실에서 짜낸 것)'을 일본어로는 「しる」(si-ru) 또는 「つゆ」(tsu-yu)라고 하는데 '술'과 '즙'은 같은 계열의 단어이다. 그 옛날에는 술을 거르는 것도 과즙을 짜내는 것과 다르지 않았다. 그러므로 '짜내다'라는 뜻의 しぼる(si-bo-ru)는 '즙'의 동사형이다.

삭히(다) saki – sake さけ(酒)

취(하다) chui-choi-you よう(酔う)

일본민요에는 「죠이나 죠이나(ちょいな ちょいな)」가 자주 등장한다. '좋다 좋다'가 '죠이나 죠이나'

가 되고 그것이 오늘날 쓰이는 「요이나 요이나(よいな よいな)」가 된 것이다. 한·일어 사이에는 'cho-yo'의 변화가 흔했다.

술 suru – siru しる(汁)

즙 jyubu – tsuyu つゆ(汁), 술은 '쌀의 즙'

(술)독 toku – tsuki つき

tsugu つぐ, 술을 따르(다)

酒杯(さかずき)(sa-ka-zu-ki)につぐ(ni-tsu-gu): 술잔에 따르다. 「つぐ」(tsu-gu)는 '독'에서 나왔다. 술독이 酒杯가 된 것이다.

고열산업- 스에키와 철

『일본서기』에는 A.D453년 조(條)에 백제에서 온 이마키노아야노 스에츠쿠리(新來漢陶部), 고쿠이(高貴)를 비롯한 많은 공인(工人)을 나라(奈良)에 정착시켰다는 기록이 있습니다.

스에키 시대의 토우:스에키 산업은 대량의 토우를 만들었다. 당시의 병사 모습.

이 무렵 오진(應神) 시대에는 이전의 토기에 비해 한 단계 격상한 스에키(須惠器)가 대량으로 나돌게 됩니다. '스에키' 라는 이름은 두드리면 쇳소리가 난다고 하여 '쇠' 에서 유래된 것입니다. 이것은 고열에서 구운 것으로 이를 위해서는 내화점토, 가마(かま), 녹로(ろくろ), 불모(ふいご) 등의 기술이 필요합니다. 이에 따라 일본열도에서는 고열처리 기술이 발달했습니다. 또한 이와 동시대(5세기 중기)에 고열을 이용하는 제철 기술이 들어와 새로운 농기구가 만들어졌습니다. 풀무를 크게 한 발풀무를 일본어로 「たたら」 라고 하는데 농기구 관련 일본어도 그렇듯이 「たたら」 또한 '두드리(다)' 라는 가라어에서 나온 것입니다. 가라인들은 철을 두드려서 만들었으므로 '두드리(다)' 의 방언이 변형되어 「たたら」 로 불린 것입니다. 지금도 히로시마, 야마구치 지방에는 다다라 골짜기(鑪谷), 다다라(鑪) 마을 등의 지명이나 성(姓)이 있습니다. 다다라의 수출항구인 부산의 다대포의 '다대' 역시 '두드리(다)' 와 관련이 있습니다.

일본어로 대장장이는 「かじ(鍛冶)」라고 하는데 이것은 쇠를 다루는 사람이라는 뜻의 고어 「かぬち」에서 나왔습니다. 「かな」, 「かぬ」는 같고 「ち」는 가라어 '치'로 '장사치'와 같이 직업을 나타내는 어미입니다. 이것은 상인을 뜻하는 일본어 「あきんど(商人)」의 「ど」에 해당합니다.

치 chi - to と

모음변화

즉 「かぬち」는 「かなびと(金人)」입니다. 가라 출신의 「からかぬち(韓鍛冶:가라 대장장이)」들이 널리 퍼졌던 것입니다. 이처럼 의류에 관련된 것뿐만 아니라 도기, 쇠 등에 관련된 낱말 또한 대부분이 가라어에서 나왔습니다.

오진을 기마민족 정복왕조의 시조로 보는 것은 이 즈음부터 말, 갑옷, 안장* 등 마구가 등장했기 때문입니다. 안장 만들기 기술은 기마병에 있어서 최신 병기와 같은 것으로 군사력에 직결되는 것이었습니다. 안장과 벼슬은 둘 다 '사람이 머무르는 또는 앉는'이라는 의미로 같은 데에서 나온 것입니다.

일본열도로 옮긴 백제

오진 14년(403)과 17년(406) 백제에서 137개 현의 백성이 대거 일본으로 건너갔다는 기록이 있습니다. 한 현의 인구가 최소 5천명이라 해도 백만에 가까운 수이며 한마디로 엑서더스와도 같은 일입니다. 일반 백성은 차치하고서라도 지식인의 대량 도일현상은 무어라 설명할까요?

『일본서기』516년의 기록에는 "백제왕의 파견으로 오경박사

등대사 대불:백제계 공인이 만든 세계 최대의 대불

*고대에 「굴」은 물건을 넣는 곳이었다. 입에도 음식을 넣는다.
굴 kuru - kuchi くち 口
　　kura くら
물건을 보관하는 창(倉)은 일본어로 「くら」입니다. 여기에서 사람이 말 등에 앉을 때 쓰는 「くら (안장)」과 '궁에서 일하는 자들의 자리 「くらい(직위)」라는 단어가 나왔다.

철정:사찰은 1차적으로 철정의 형태를 지닌다.

*단양리(段楊爾)', '고안무(高安
茂)', '아직기(阿直岐)' 등은 언뜻
일본식 이름으로 보이기도 하지
만 백제식 이름이 확실하다.
당시 일본으로 건너간 백제인은
엘리트였기 때문에 선진문화에
맞추어 중국식 이름을 썼다. 다만
현재로서는 한자 또는 이두로 기
록된 이들 이름을 그들이 어떻게
읽었는지 알 수 없으므로 위와 같
은 한자음으로 읽을 뿐이다.

단양리(段楊爾)*가 3년간 왜에 체재하였고 그후 고안무(高安茂)와 교체하였다"고 되어 있습니다(「게이타이기」)(한문과 백제 학자의 영향은 다음 장에서 자세히 설명하겠습니다).

백제에서 왜에 파견된 학자들은 일정 기간의 근무를 마치면 교체를 하는 시스템이었으며 그후에도 계속적으로 학자들의 정기적인 교체가 잇따랐는데 이른바 당번제였던 것으로 보입니다. 이들 백제학자들의 영향은 그후 일본어 발달에 이루 헤아릴 수 없을 정도로 커다란 영향을 끼쳤습니다(일본의 문화혁명).

그와 동시에 역(易), 역(曆), 의(医)에 관한 전문가들도 파견되었습니다. 이 또한 당번제에 의해 교체되었습니다(『일본서기』). 538년에는 불교도 전래됩니다. 물론 승려를 비롯한 불교에 관한 학문, 기술도 건너갔습니다. 사찰을 세우기 위해서는 기와 만들기 기술도 필요합니다.

앞에서도 강조하였듯이 백제 지식인의 도일은 오진(應神)과 웅진(熊神)이 동일인물이라는 설을 뒷받침하는 증거 중 하나입니다. 고구려의 남하가 밀어내기 식으로 오진계를 열도로 몰아 그 급성장에 자극을 받은 동향인들의 대거 도일이 뒤를 이었던 것입니다. 본래 오진과 그 많은 백제계 도래인들 사이에 특별한 관계가 없었다면 그렇게 많은 사람들이 일거에 이동할 리가 없습니다.

*새벽이 '열리는' 것은 어둠이
'비는(空)' 것입니다. 그전까지 있
던 밤이 어디론가 사라지기 때문
이다.

물론 한반도에서 새롭게 건너간 사람들도 신천지 일본에서 삶의 보람을 느꼈을 것입니다. 그때가 바로 국가체제 정비의 태동기이며 왜문화의 새벽을 여는* 시대이기도 했습니다. 일본의 장인을 존중하는 전통도 이 시기 즈음에 시작된 것으로 기술존중은 신생국가의 특징이라고 할 수 있습니다.

『일본서기』643년의 기록에는 이러한 경향이 잘 나타나 있습니다.

"백제의 태자 여풍(余豊)이 꿀벌*을 미와산(三輪山)에 풀어놓고 길렀다…" 왕자까지도 기술을 자랑하는 풍조가 있었던 것이지요. 이 무렵 백제로부터 양봉이 전해진 것으로 보입니다.

매사냥도 백제의 신기술로 백제 왕자가 인덕왕(仁德王)에 전수하고 있습니다. 이 시기에 서예, 베틀 짜기, 술 만들기, 기와 만들기, 말 기르기, 예능, 양봉, 매사냥, 토목, 도자기 굽기 등 온갖 직종이 건너갔습니다.

역설적인 경구로 잘 알려진 영국 빅토리아 시대의 작가 체스터튼(G.K.Chesterton)은 "영국 내에 로마의 유적이 있는 것이 아니라 영국은 로마의 유적이다"라고도 했습니다. 그 말을 빌자면 일본 열도는 한반도의 유적인 것입니다.

*벌 boru-haru-hachi はち 蜂
｜
벌(레) boru(re) - mure - musi
むし 虫
　　　　b - m, r - s
'벌'과 「はち(蜂)」, '벌레'와 「むし(虫)」는 같은 계열의 언어이다. 일본어 「はち(蜂)」와 「むし(虫)」는 겉보기에는 관계가 없는 것처럼 보이지만 가라어로 생각해보면 같은 계열인 것이다.

II- 4. 게이타이 수수께끼
백제왕가와 일본왕가는 하나였다

현 천황가는 언제 시작되었는가

『일본서기』와 중국의 『송서』에 기록된 중국 남조에 조공사를 보낸 5대에 걸친 왜왕의 이름과 연대는 거의 일치하지 않습니다. 『기기(紀記)』에서 추정하여 일본학계는 대체로 다음과 같이 억지로 대응시키는데 어림으로나마 일치하는 것은 유략(雄略) 즉 『송서』에 기록된 '무(武)' 하나 뿐입니다. 또한 『일본서기』에 기록된 왕의 생존 기간이 15대 오진(應神)은 111년, 16대 닌도쿠(仁德)는 142년 등 도저히 말이 안 되므로 이 시기의 왜 왕가 특히 게이타이(継体) 이전의 계보는 믿을 수 없다는 것이 학계의 정설입니다. 권위있는 『신일본사연표』(역사학연구회편)에 의하면 일본왕가의 첫왕을 게이타이로 삼고 그 이전의 천황이름을 기록하지 않고 있습니다. 천황이라는 호칭과 일본국의 이름이 생긴 것은 백강전투 패전 이후 7세기 말의 일입니다. 또한 게이타이 이후 왜국의 노선은 백제와 일체화로 특히 게이타이의 후대 왕 조메이(舒明)는 백제대궁을 짓고 그곳에 살았습니다.

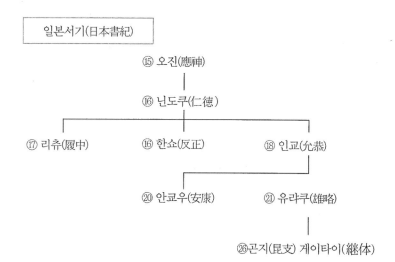

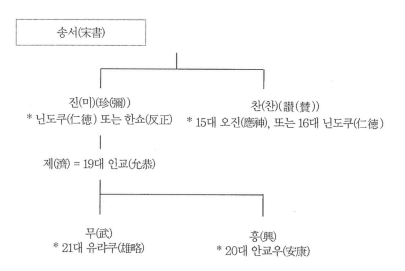

백제왕가와 천황가

『일본서기』에는 백제 아신왕(阿莘王)의 태자는 왜국으로 건너와 오진(應神)왕과 함께 지냈습니다. 아신왕이 서거하자 왜에 체재 중이던 백제 왕자는 왜병 백 명의 호위와 함께 귀국하여 전지왕(腆支王)이 되었고 바로 그 여동생을 오진에게 보냈습니다. 또한 백제 삼근왕(三斤王)이 죽자 일본에 있었던 백제왕족 동성왕(東城王;곤지의 아들)을 백제로 보내 왕위에 즉위시켰습니다.

일본열도에 처음 등장한 기마민족 정복왕조를 수립한 오진왕조는 약 백 년간 이어졌습니다. 그후 후계자가 없었기 때문에 수도에서 멀리 떨어진 에치젠(越前: 이시카와현)에서 오진과 인연이 있다는 오진의 오대 또는 육대 손이라는 아리송한 연줄로 게이타이(継体)를 받아들입니다. 『고사기』에는 게이타이(継体)가 시가(滋賀) 출신으로 기록되어 있습니다. 그러나 가공의 천황 이름을 많이 삽입한 것으로 잘 알려진 『기기』는 공통적으로 게이타이의 조상에 대해서만은 이름조차 없고 다만 전전대의 천황의 딸을 비(妃)로 삼았다고만 기록하고 있습니다. 요컨대 게이타이의 출신은 애매합니다.

게이타이 동상

이들 두 정사는 출신지를 다르게 쓰고는 있지만 결국 동해 해안 쪽 멀리 바닷가에 있는 지역에서 왕가 데릴사위로 온 것에는 변함이 없습니다. 그러나 이상하게도 게이타이는 왕도에 있는 실력자에 의해 왕에 옹립되었음에도 불구하고 20년간이나 지방 각지를 돌아다녔으며 마지막에는 일단 백제계의 본거지(오사카 지구)를 들르고 나서야 죽기 5년 전에 비로소 왕도(나라)에 들어섰으며 그의 무덤은 역대 왕들의 무덤이 있는 나라지역과는 먼 곳에 만들어졌습니다. 저는 이 사실을 비류(구마나리)계의 대가 끊어졌으므로 온조계 왕을 받아들인 것으로 보고 있습니다.

일본에는 "쌀겨 3되 있으면 데릴사위는 되지 않는다"는 말이 있습니다. 그렇다고는 해도 20년간이나 왕이 왕도에 못 들어간 것은 이해할 수 없는 일입니다. 그에 관한 어떤 역사적인 기록도 일본에서 찾을 수 없습니다만, 게이타이는 한반도에 가까운 바닷가 지역에 있는 백제의 분국(담로), 또는 본국에서 직접 초청을 받았던 것은 아닐까요?

백제왕 신사:곤지·무령왕이 함께 머문 곳에 있는 백제왕 신사이다. 현판에는 백제대왕 우두천왕(百濟大王 牛頭天王)이라 새겨져 있다.

곤지와 게이타이는 동일인물, 그리고 무령왕의 역할

현 천황 헤이세이(平成)는 2002년 월드컵 한·일 공동개최 시 자신에게는 무령왕의 피가 흐르고 있다고 말했습니다. 다소라도 한·일 역사에 흥미를 가진 사람이라면 모두 아는 사실이지만 많은 일본인에게는 큰 충격을 주는 선언이었습니다. 이것은 1200여년 전 간무천황(桓武天皇)의 어머니가 백제 의자왕의 핏줄임을 명백히 밝힌 것입니다. 그러나 사실인즉 그 이전부터 오진, 게이타이를 포함해서 천황가는 이미 백제왕가와 동족이었습니다.

『일본서기』에는 한국측 문헌에는 없는 백제 무령왕에 관한 흥미로운 기록이 있습니다.

백제 개로왕은 475년 고구려의 공격으로 전사하기 수년 전에
산달인 후궁을 왕의 남동생인 곤지(昆支)에게 맡기고 함께 왜국으
로 보냅니다. 후궁은 도중에 규슈 북부의 니리무섬(主島)*에서 사

*「にりむ(主島)」는 현 가카라시마
(加唐島)이다.

내아이를 낳는데 그 아이가 후일 무령왕이 되었습니다. 이 기록에
등장하는 백제왕의 이름이 『삼국사기』에는 '문주왕'으로, 『일본서
기』는 『百濟新撰』을 인용하여 '개로왕'으로 되어 있으나 일본 쪽 기
록이 옳은 것 같습니다.

　「にりむ(主島)」는 임금님의 '임'으로 주군의 뜻입니다. 최근
그 니리무 섬에 무령왕의 탄생비가 세워졌습니다.

　이 이야기는 그 보다 약 백년전의 오진왕 이야기와 같은 줄거리
입니다. 산달이 된 신공황후가 배(腹)에 돌(石)을 감아 겨우겨우 규
슈에서 오진을 낳았고 그때 아이를 받은 사람이 최고의 호족 다케
노우치 스쿠네(竹內宿禰)였다고 되어 있습니다. 두 왕의 탄생
한 곳은 같은 규슈의 해변인 것입니다. 오진과 무령왕에 관한
대응은 다음과 같습니다.

　　1. 신공황후 – 개로왕의 후궁
　　2. 다케노우치 스쿠네 – 곤지
　　3. 오진왕 – 무령왕

신공황후와 아기 오진, 그리고 다케노우치
스쿠네

　오진과 무령왕의 이야기는 720년 동일한 백제계 학자들
에 의해 씌어진 것입니다. 신화의 생명은 상징성에 있는데 이
이야기에서는 이들 백제왕자가 왜왕이 되는 것을 의미한 것
으로 보입니다. 1971년 무령왕릉이 발굴되자 묘지(墓誌)가 출
토되어 그에 관련된 연도가 사실임이 확인되었습니다. 곤지

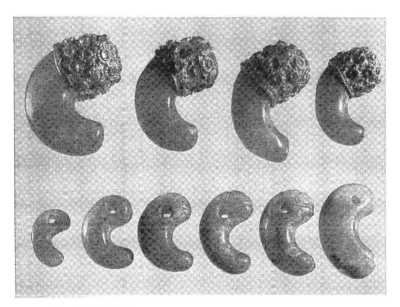

곡옥:무령왕릉에서 출토된 곡옥

왕은 왜와 백제왕가의 굵은 파이프 역할을 했으며 이들 3명의 왕
사이에는 남다른 관계가 있습니다.

기록에는 무령왕이 태어나자마자 모친과 함께 백제로 돌려보
냈다고 되어 있는데 이것은 상식적으로는 이해하기 힘든 부분입니
다. 그는 왜의 수도(왕도)에서 성장한 후 귀국한 것입니다. 또한 시
간적으로는 6년의 시차로 게이타이(AD 507년)와 무령(AD 501년)
이 왕위에 오르고 있습니다.

한편 곤지에 관한 『三國史記』의 기사에는 겨우 '문주왕의 왕제
(王弟) 곤지를 내신좌평(內臣佐平)으로 삼았으며(文周王 3년, 477
년) 3개월 후에 죽었다'는 간단한 기록뿐입니다. 그러나 그는 지금
도 일본 고우치(河內:현 오사카 지방)에 있는 아스카베신사(飛鳥戶
神社)의 신주로 모셔지고 있습니다.

숨겨진 실상

'繼体(게이타이)' 라는 한자는 '끊어진 체제를 이었다' 는 뜻으로 천황가를 새로이 이었다는 뜻입니다. 그 무렵 왕도에서는 각 호족 사이에 치열한 후계자 문제를 둘러싸고 알력이 있었던 것이 분명합니다. '곤지' 또한 백제에서 바다를 건너 '게이타이' 가 머물렀다는 고우치(河內)의 백제 근거지에서 지냈습니다. 시간적으로 이 둘은 그곳에 체류한 시기가 겹칩니다.

『일본서기』의 천황이름은 모두 원래는 야마토 어였고 8세기 중엽에서야 비로소 한자 이름이 붙여졌습니다. 게이타이의 야마토식 이름은 이두로 '오오토(男大迹)' 라 했습니다. 여기서 '오오' 는 '大', '토' 는 '人', '오오토' 는 대인, 즉 '큰사람' 이라는 뜻입니다.

한편 곤지는 『일본서기』 에 '軍君' 이라고도 기록되어 있는데 '곤(昆)' 과 '군(軍)' 둘 다 '크(다)' 를 나타내고 있으며 '지(支)' 는 치, 즉 '사람(人)' 으로 '곤지' 역시 오오토와 같이 '큰 치=큰 사람(大人)' 을 뜻합니다. 요컨대 '곤지' 와 '게이타이' 는 같은 이름이며 동일인물인 것입니다. 이로써 한·일 역사의 최대의 수수께끼인 게이타이와 곤지의 정체가 밝혀집니다.

무령왕(사마:斯麻)이 게이타이에게 하사한 스다하치만궁(隅田八幡宮)에 보관되어 있던 거울 인물화상경(人物畵像鏡)은 일본국보일 뿐만 아니라 한·일 역사학계의 최대의 논쟁 대상의 하나이기도 합니다. 이 거울을 '하사' 한 것이라면 왜국이 백제의 분국(分國)이라는 것이 분명해기 때문입니다. 이 거울에는 다음과 같은 골자의

스미다 하치만구(隅田八幡宮) 신사의 거울

癸未年八月十日大王年
男弟王在意紫沙加宮時
斯麻念長寿遺開中費直
穢人今州利二人等取白
上同二百旱作意
: 대왕년의 계미년 8월 10일 오오토왕이 오사카궁에 있을 때 사마는 그의 장수를 빌고 開中費直와 穢人今州利 두 사람에게 좋은 백동(白銅) 200관을 주어 이것을 만들게 했다
* '弟' 는 「おと(o-to)」 라 하며 '男弟' 는 「おおと(o-o-to)」, 즉 '오오토(男大迹)' 와 같이 읽는다. (이두표기는 가령 '가라' 를 총 12가지로 표기하는 등 일정치 않은 것이 보통이다.

96

글이 새겨져 있습니다.

"大王年에 사마(斯麻:무령)가 癸未年에 오사카(大阪)에 있는 오오토왕(男大迹王)의 장수를 빌며 보낸다."

癸未는 503년으로 무령왕이 즉위한 502년의 1년 후이며 게이타이(継体), 즉 오오토왕이 왕이 되기 4년 전입니다. 왕이 되기 이전의 오오토에게 무슨 이유로 '왕'을 붙였을까요? 무령(사마)이 왜를 떠날 때 오오토가 왕이 된 것은 기정사실이었던 것입니다. 오오토가 해변가에 있었다는 「기기」의 기록은 백제에서 왔다는 사실을 감추기 위해서 만들어낸 엉터리 기사입니다. 무령왕과 곤지(게이타이)는 왜에서 함께 지냈던 것은 분명하며 두 사람의 생존 시기와 즉위시기는 다음과 같습니다.

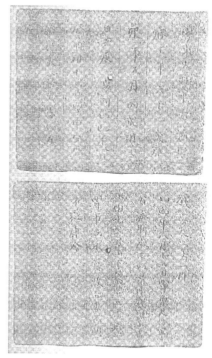

무령왕(사마) : AD 461년 일본 加唐島에서 출생 – 501년 백제왕에 즉위 – 522년 사망

게이타이천황(오오토) : AD450년 출생 – 507년 57세의 나이로 왜왕에 즉위 – 531년 사망

무령왕은 백제왕이 되기 전 일본에서 왜왕과 다름없는 위치에 있었던 것으로 추정됩니다. 저는 왜오왕(五王)의 마지막 왕 무(武)는 무령왕의 무(武)인 것이 우연이 아닌 것 같습니다. 왜왕 무(武)가 송제(宋帝)에게 보낸 「상서」의 내용으로 보아 백제왕의 아들 무령이 보냈을 가능성이 크기 때문입니다. 또 이 글의 내용은 "고구려가 도리가 없는 나라이며 백제의 변경을 침범하고 있으니 중국(宋) 대왕의 백제

무령왕릉에서 출토된 지석(誌石)

무령왕 고분

에 대한 도움이 절실하다" 는 것으로 백제측의 사정을 쓰고 있습니다.

　공주 무령왕릉의 박물관에는 오직 천황 만이 관으로 사용하는 고야산(高野山)에서만 자라는 귀중한 고우야마키(高野槇)의 관이 안치되어 있습니다. 그 관에는 직경 1미터 이상이나 되는 나무가 10개나 사용되는데 그 목재를 일부러 일본에서 보내 왔다는 사실 역시 백제왕가와 왜 왕가(게이타이:곤지)가 하나였으며 두 무령과 왜왕이 보통 사이가 아니었음을 시사하고 있습니다. 왜는 무령왕에게 왜왕과 같은 대우를 했던 것이지요.

『삼국사기』의 백제왕가

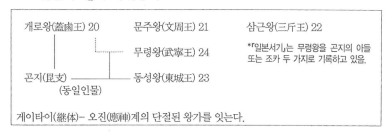

개로왕(蓋鹵王) 20 ─ 문주왕(文周王) 21 ─ 삼근왕(三斤王) 22
        곤지(昆支) ─────── 동성왕(東城王) 23 ── 무령왕(武寧王) 24

『일본서기』의 백제왕가

개로왕(蓋鹵王) 20   문주왕(文周王) 21   삼근왕(三斤王) 22

곤지(昆支) ──────
(동일인물)

무령왕(武寧王) 24

동성왕(東城王) 23

*『일본서기』는 무령왕을 곤지의 아들 또는 조카 두 가지로 기록하고 있음.

게이타이(継体)- 오진(應神)계의 단절된 왕가를 잇는다.

1. 곤지가 게이타이와 동일인이 아니라면 그가 23대 백제왕이 되는 것은 자연스러운 것입니다.

2. 무령왕이 개로왕의 아들이라면 왜왕이 될 가능성이 높습니다.

『일본서기』의 일본왕가

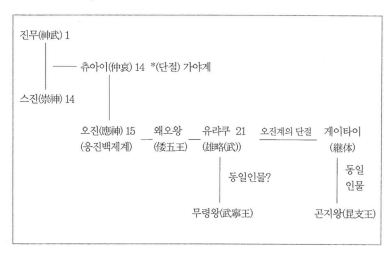

진무(神武) 1

스진(崇神) 14

─── 츄아이(仲哀) 14 *(단절) 가야계

오진(應神) 15   왜오왕   유랴쿠 21   오진계의 단절   게이타이
(웅진백제계)   (倭五王)   (雄略武)   (継体)

동일인물?

동일
인물

무령왕(武寧王)

곤지왕(昆支王)

II—5. 아리송한 가계보

진씨(眞氏)와 왕가

고대 일본의 「姬彦(ひめひこ)[hi-me-hi-ko]制」는 남매혼 제도입니다. 그러나 신성왕족임을 내세워 권력을 독점하는 것보다도 왕족과 왕비족이 힘을 합치는 것이 보기에도 좋고 근친혼으로 야기되는 생물학적인 폐해도 피할 수 있습니다. 그것이 호족연합의 또 다른 형태인 왕족과 왕비족의 연합정권입니다.

백제 왕가에 가장 가까운 성씨는 '진씨(眞氏*)'로 왕권은 왕가의 여씨(餘氏)와 진씨의 공동소유였던 것입니다. 잠시 『삼국사기』 「백제본기」를 들여다봅시다.

*진(辰)나라의 진(辰)과는 다르다.

多婁王10年(AD37)	眞会를 右甫(右大臣)로 함.
古尒王7年(AD240)	眞忠을 左将(副大将), 14年 眞忠을 右甫(右大臣), 眞勿은 左将으로 함.
比流王30年(AD333)	眞義 内臣佐平大臣으로 함.
近肖古王2年(AD347)	眞淨 朝廷佐平
近仇首王2年(AD376)	王妃의 부친 眞高道를 内臣佐平에 임명.
眞斯王3年(AD387)	眞嘉謨을 達率에 임명.
阿莘王2年(AD393)	王妃의 아버지 眞武左将으로 함. 7年 兵官左将
三斤王2年(AD478)	眞男가 佐平이 됨.
東城王4年(AD482)	眞老兵官佐平兼知内外兵馬事

100

진씨 가문은 백제 건국 이래 계속 혼인을 통해 왕가와의 관계가 견고하게 맺어져 있습니다. 사실상 왕가와 진씨 가문의 관계는 정권의 분배이며 이것은 남매혼 제도의 연장선이기도 했습니다.

9세기에 일본에서 만들어진 『신찬성씨록(新撰姓氏錄)』에는 천 황가에 가장 가까운 성씨로 「眞人(まひと)」 즉 진씨가

신찬성씨록

기록되어 있습니다. 이것은 백제 왕가와 진씨 관계의 틀림없는 또 하나의 방증입니다. 천황가와 마히토(眞人), 그리고 백제왕가와 진씨라는 두 그룹의 관계가 한 장의 종이 앞뒤와 같았음을 알 수 있습니다.

고대 일본의 대귀족

왜오왕은 백제왕가 출신입니다만 호족들도 이에 가까운 자들

소가마자의 묘: 거대한 묘터(일본의 나라)

이었습니다. 그중 가장 큰 호족이 천황과 혼인할 수 있는 진씨가입니다.

소가(蘇我) 씨는 오진천황이 태어날 때 아기천황을 받은 인물로 기록된 다케노우치 스쿠네(武內宿弥)를 선조로 삼고 있습니다만, 본래 온조계 백제 출신으로 오진왕조(應神王朝)의 대호족입니다. 일본 고대사의 권위 가도와키 데이지(門脇禎二) 교수는 백제의 목만치(木滿致)를 소가노의 시조 소가만치(蘇我滿致)와 동일인물로 보고 있습니다. 백제의 개로왕은 고구려의 공격에 대처할 수 없음을 알고 태자 문주왕과 목리만치를 왜에 보내 원군을 요청할 것을 명합니다(『삼국사기』「백제본기」). 그러나 때는 이미 늦어서 함락당한 한성백제는 왜의 구마나리로 도읍을 옮깁니다. 목리만치의 소식은 그 이후『삼국사기』에 등장하지 않고 왜 조정의 기록에 소가만치(蘇我滿致)로 나옵니다.

백제에서 건너간 소가씨는 단시간에 천황에 대적하는 세력이 됩니다. 이러한 일은 천황가가 백제의 담로왕이며 목리만치가 진씨계가 아니었다면 생각할 수도 없는 일입니다. 담로왕이 본국의 진씨를 후대하는 것은 당연하기 때문입니다. 또한 소가씨는 온조계의 게이타이 왕 옹립에 결정적인 역할을 하였습니다.

게이타이와 온조에게는 온조계와 비류계라는 차이가 있기는 하지만 같은 백제계입니다. 소가씨는 역대 왜왕을 옹립한 진씨 집안답게 여러 명의 왕비를 배출했고 때로는 왕을 살해하는 일도 서슴지 않을 정도의 실력자가 됩니다. 소가씨가 두려워진 왕은 권력투쟁의 정석에 따라 그 반대세력과 손을 잡았습니다.

왜국의 첫 진씨인 소가(蘇我)씨는 쿠데타로 후지와라(藤原)가와 교체되었습니다. 소가씨를 타도하고 그 자리를 탈취한 후지와라 가문의 출생지는 가야 비자(比自:현재 창원)였습니다. 진씨의 자리가 온조백제 출신 소가씨에서 가야출신 후지와라로 전환된 것입니다. 처음으로 후지와라가 가야(창원) 출신임을 지적한 것은 김사엽 교수입니다(『古代朝鮮語と日本語』). 근거는 다음과 같습니다.

　현재의 창원 땅을 이두어로 「比自」라 했으며 이것은 「比斯」로 한국어의 '불*'에서 파생된 말로 buru-huji-hisa의 변화를 거쳤습니다. 일본에서 가장 높은 후지산(富士山)은 원래 '불산'이라는 뜻으로 '불'이 「ふじ」가 된 것입니다. 또한 「벌 boru-horu-hara はら原」과 같은 변화도 있습니다. 따라서 「比斯伐」는 「불벌 buruboru - hujiboru - hujihara ふじはら」로 현재의 경상도 창원 땅을 말합니다.　후지와라 가문은 가야계인 스진(崇神) 왕조와 출신지가 같았기 때문에 처음 백제계 천황이 수립되었을 때에는 비주류였습니다. 그러나 그후 쿠데타로 힘을 잡았는데 왕의 입장에서도 외가식구보다는 눈치 빠른 다른 씨족 출신이 더 마음 편하게 대할 수 있다는 사정이 있었던 것입니다. 이들은 한결같이 왕비족이었습니다.

*불
buru-boya ぼや(火)-hoあ ほ(火) - hi
moya もや(す)(燃) - moe
모 mo - nae なえ(苗)
모는 불처럼 빨리 자라서 불(燃 もえ)과 관련된다.

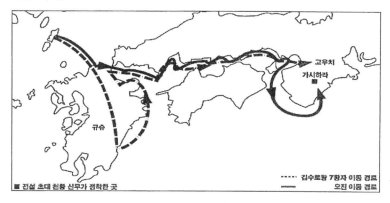

고우치
가시하라

규슈

■ 전설 초대 천황 신무가 정착한 곳

----- 김수로왕 7왕자 이동 경로
―― 오진 이동 경로

일본 천황가의 3계보

일본 천황가를 만세일계(한 명의 조상으로부터 모두 이어져 내려왔다)라 하고 대가 끊어지면 전대의 왕녀를 비(妃)로 삼았다는 식으로 형식적으로 한 계통임을 꾸미고 있는데 사실은 모두 신화에 불과합니다. 정사에 씌어진 것만해도 천황가는 3계열이 있는데 첫째가 가야계(김수로 왕의 일곱왕자)의 스진(崇神)이며 둘째가 비류 백제계의 오진(應神), 셋째가 온조 백제계의 게이타이(継体)로 왕통이 교체되면서도 이어져 왔으나 이들은 공통적으로 모두 기마민족 정복왕조입니다*. 그후에도 계속해서 백제 왕자들은 왕도인 야마토에서 체재했습니다. 사실상 오진부터 사이메이(斎明)에 이르기까지의 270년간 백제왕족이 왜왕과 함께 왕도에 거주했던 것입니다. 그들은『삼국사기』에서 기록된 것처럼 인질이 아니라 오히려 권위의 상징과도 같은 존재였습니다. 게이타이 이후 왜는 백제와의 일체화 노선이 두드러집니다. 조메이(舒明) 천황은 나라 아스카(飛鳥)의 백제천 근처에 백제대궁을 지어 왕궁으로 삼으며 그 근방에 백제사(百濟寺)를 세웠습니다. 이 때문에 이 일대에는 백제의 이름

*한반도와 기내의 왕가는 다음과 같이 관련되어 있다.
가야계(加耶系) – 스진(崇神)
　김수로의 7왕자 – 규슈(九州)
　–기내(畿內)
비류 백제계(久麻那利(百濟)系)
　– 오진(應神(倭五王))
　(웅진)오진 – 규슈 북부(北九州) – 기내(畿內)
온조 백제계(漢城百濟系)
　게이타이(繼体)
　(한성)곤지 – 규슈(九州)
　–기내(畿內)

백제사 터(오사카)

기와: 위쪽은 아스카 기와 아래쪽은 백제 기와

이 여러 곳에 있었습니다. 백제 연합국(온조·비류), 가야연합, 야마토(邪馬台) 연합을 비롯해 기내의 야마토 정권도 호족연합으로 이루어진 본국(큰 나라-백제)과 담로의 연합체였습니다. 친신라적인 히미코의 야마토(邪馬台)는 이들 계열 어느 곳에도 속하지 않습니다.

천황제는 흔히 중심이 없는 중공(中空) 구조, 무책임 체제, 상징적 존재 등의 특징이 있다고 일컬어지고 있습니다만 이것들은 원래 기마유목민 특유의 연합제에서 나온 것입니다. 담로제 또한 연합체이며 '담로연합왕조'라고 부르는 쪽이 한반도와 열도에 걸친 왕조의 실태를 보다 잘 나타낸다고 생각합니다.

채녀(采女):うねめ

혼인을 이용하여 권력을 유지하는 방법으로 「采女(うねめ)制度(채녀제도)」가 있다. 지방호족의 딸을 궁중에 들게 하는 것이다.

그녀들은 천황의 후궁이 되기도 하고 공신에게도 상으로 내려지기도 하여 회유의 도구가 되었다. 또한 호족의 딸은 그 조상신을 모시는 입장이므로 왕(천황)은 호족의 신까지도 갖게 된다. 또한 여자를 매개로 한 왕과 공신의 관계는 특별한 사이가 된다. 우리말에도 한 여자를 가운데에 둔 베개 형제라는 말이 있다. 대호족의 시조 후지와라 가마타리(藤原鎌足)는 채녀(采女:うねめ) 야스미코를 하사 받았다. 『만엽집』에는 그때의 감격을 노래한 그의 시가 있다.

"나는 이제야 야스미코를 얻었다. 모두가 얻기 어려워하는 야스미코를 얻었다."

"吾 はもややすみこ 得 たり 皆人 が 得がてにすとふうやすみこ得た り(万95)

후지와라 가마타리는 천황과 베개 형제의 인연으로 그후 최근 (1945. 8·15)까지 이어진 최고 귀족의 시조가 되어 거기서 많은 수의 황후를 배출했다.

II-6. 백제의 한

일본인의 한반도에 대한 원한의 씨

고구려는 대륙동북부(만주)에 배후지를 지닌 대국으로 수(隋), 당 등 대륙의 대제국과 당당히 맞선 동북아시아 제일의 강국이었습니다. 또한 백제는 해상활동이 활발하여 지리적으로는 가까운 당을 무시하고 양쯔강(揚子江) 하구 지역과 손을 잡는 한편 일본에 담로

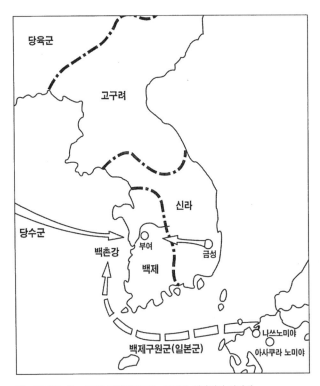

당·신라와 왜 · 백제 진격루트 : 왜·백제군 백강에서 만나다

를 두며 활동했습니다. 한편 한반도 동남부에 위치한 후발국 신라는 항상 고구려와 백제로부터 압박을 당했습니다. 신라와 당이 손을 잡은 것은 두 나라의 숙명이었고 660년 신라·당 연합군이 백제의 주성인 부여의 사비성을 함락시킵니다. 백제가 멸망했다는 소식은 즉시 왜조정에 전해

졌습니다.

660년 사비성이 함락되자 이듬해 일본에 있던 백제 의자왕(義慈王)의 아들 여풍장(余豊璋)은 왜병 5천명을 이끌고 20년 만에 고국 부흥을 위해 바다를 건넙니다. 663년 왜는 이와는 별도로 2만 7천의 수군을 3차례에 나누어 백제에 파병했습니다. 모두 합하여 32,000의 왜군 즉, 당시 일본인구 500만(추정)의 약 0.64%가 바다를 건너 백제로 출병한 것입니다. 오늘날의 일본인구 1억 2천으로 말하자면 약 80만에 가까운 병력에 버금가는 규모였습니다. 이 군사들은 현재의 금강(錦江) 하구에서 신라·당 연합군과 충돌하는데 이것이 백강 전투입니다. 금강의 다른 이름이 백강(白馬江)이며 『일본서기』에 등장하는 「はくすきのえ(白村江)*」는 백강을 뜻합니다.
<small>ha-ku-su-ki-no-e</small>

*일본에서는 '白村'이라고 쓰고 「はくすき」로 읽는데 이것은 성(城)을 뜻하는 백제어 '스키'에서 나왔으며 마찬가지로 성이라는 뜻의 일본고어 「しき」와 오키나와어 「グスク」와도 통한다. 이 「すき,しき」는 일본에서 지금도 여러 지역 이름으로 남아있다.
<small>si-ki, gu-su-ku, su-ki si-ki</small>

9월 7일, 신라·당 연합군과의 백강 전투에서 백제·왜 연합군은 도리어 궤멸 당하고 수많은 백제유민은 패잔병과 함께 바다를 건넙니다. 수적으로 정확히 3분의 1씩 나뉘어질 생각이 있었던 것은 아니지만 속설에는 백제인의 3분의 1씩이 당나라와 신라의 노예로 끌려가고 나머지는 왜로 건너갔다고 합니다. 물론 실제로는 이러지도 저러지도 못하고 남아있었던 사람들이 대부분이었을 것입니다.

『일본서기』는 이 전투의 마지막에 대해 비통한 말을 남겼습니다. "오늘로써 백제의 이름도 끝이로구나. 과연 조상의 묘를 언제 다시 뵐 수 있을까."

그 묘는 많은 야마토(왜)인 조상의 묘이기도 했습니다. 이때 품은 한은 일본인의 집합적 무의식 밑바닥에 가라앉았고 한·일간에 일이 있을 때마다 조금이라도 기회가 있으면 복수를 위해 한반도를 노렸습니다. 백강 전투(663년)는 결국 신라통일과 일본 독립의 계기가 되어 이후 한반도와 일본열도 사이에 1300년 동안 적대적인 관계가 계속됩니다.

'역사는 되풀이된다' 고 합니다. AD 390년경 구마나리(久麻那利) 백제가 고구려 광개토대왕에 패해 일본으로 건너갔으며 다시 한 번 그 백강에서는 663년에 신라·당 연합군에 패해 역시 바다를 건너 갔습니다. 그리고 천년 가까운 간격을 두고 히데요시군(豊臣秀吉軍) 또한 이순신 수군에 패하여 바다를 건너 왜로 돌아간 것입니다.

한국인, 일본인의 마음*속 깊은 곳에는 이러한 역사적 기억이 남아 있습니다. 묵은 일이라고는 하지만 민족의 유아기인 고대에 겪었던 일들이 때때로 일깨워지는 것입니다.

백제 멸망

신라·당의 연합군에 대패하여 일본열도로 도망간 백제·왜 연합군은 추격을 두려워하여 규슈(九州) 북부지역과 세토내해(瀬戸内海) 해안일대에 산성과 봉화대를 세워 경계를 강화했습니다. 도쿄(東國) 등지에서 징발한 병사를 사키모리(防人,岐守)라 명명하고 규슈 북부와 이키노시마(壱岐島), 쓰시마(対馬) 등 해안지대에 봉화대와 함께 배치했습니다.

대마도는 지리적으로 한반도에 더 가까움에도 불구하고 대마도가 일본 영토로 확정된 것은 그때부터 입니다. 사키모리의 근무기간은 3년을 기본으로 하되 병자나 탈주병 등이 발생하여 때로는 10년이나 근무했기 때문에 일본으로서는 큰 부담이었습니다. 그러

*마음 maumu – aumu – omou
　　　　　　　│
　　　　　おもう(思う)
　　　ma-ma-ni-su-ru
　　　mama まま ,
ままにする…마음대로 하다
'마음'을 뜻하는 일본어는 「心(こ
ころ)」이지만 고대어는 「うら」
　　　　　　　ko-ro
이다. 이것을 두고 일부 일본인
　　　　　　　u-ra
은 마음이 보이지 않는 것이기 때
문에 뒷면을 뜻하는 「うら(裏)」
와 같은 것으로 생각하고 있다.
그러나 실제로는 가라어의 '얼' 이
다. 전라도의 소금강으로 알려진
월출산은 본래 '얼 나' 로서 얼이
나온다는 뜻인데 月出로 쓴다. 그
곳 지명은 영암(靈岩)인데 '영(靈)'
은 '얼' 과 같다.
얼 oru – uru – ura うら(心)
이것이 뭉쳐진 형태가 '골' 로서
　　골얼 … kohoru – kokoro
こころ(心)
　　일본어 氷(こおり)의 「こ」가
　　　　　　ko-o-ri　　ko
어두에 붙어서 고드름 kodurum
– kohoru こほる

108

나 신라와 당은 백제·왜 연합군을 추격할 여유가 없었습니다. 눈 앞에 새로운 적, 고구려가 막고 선 것입니다. 결국 신라·당 연합군은 고구려와의 전투에서도 승리합니다. 하지만 신라는 고구려와의 싸움이 끝나자 그대로 그 땅에 눌러앉고자 하는 당의 군대를 쫓아내야만 했습니다. 그 때문에 눈 앞에 있는 대마도에는 영영 관심을 가질 수 없었습니다. 만일 그때 신라가 대마도를 점령했었더라면 한·일 간에는 독도문제보다도 대마도 쪽이 더 큰 관심사였을 것입니다.

백제유민들 중에는 학자, 기술자, 고급관리 등 많은 인재들이 있었는데 이들은 왜인과 힘을 합쳐 신생일본국 건설에 크게 공헌합니다. 오진(應神) 엑서더스로부터 약 300년 후, 다시 역사가 되풀이되어 제2의 백제 엑서더스가 발생한 것입니다. 그때의 세태를 노래한 시 「わざうた」가 『서기』에 남아있습니다.

백제 대향로:화려한 백제문화의 상징

"백제와 왜는 다른 가지에서 태어났어도…(구슬을 꿸 때에는 같은 끈에 이어진다)"

:橘は己が枝々*に生まれども……

즉 왜에 건너간 자도 이전부터 정착해있던 자들도 모두 원래는 같은 뿌리에서 나왔으므로 신생일본국 건설을 위해 협력해서 새로운 나라를 만들자고 하는 것입니다. 요컨대 '백제는 하나다' 라는 것입니다.

한편 신라에 쫓겨날 위기에 처한 당나라는 신라를 상대한 공작을 위해 일본과의 교류에 눈독을 들입니다. 이때에도 다시 한번 중국식 원근 외교책이 발동되었습니다. 당나라는 나라(奈良)의 야쿠시지(藥師寺) 등 왜에 여러 문화적인 선물을 바치면서 정치공작대를 들여보내 반당(反唐) 노선을 무너뜨리기 위한 임신쿠데타(672년)를 성공시켰습니다. 이로써 왜는 친당(親唐) 반(反)신라 노선을 취하게 되는데 이것은 제2차 세계대전 후 미국이 식량원조 등을 통해 일본을 민주화하고 반 소련노선을 취하게 한 것과 같은 노선입니다.

역사에 If는 필요 없는가

역사학에서는 '그때 만일(If) ~ 이었더라면' 하는 말을 하지 말라는 잠언이 있습니다. 이를테면 '죽은 자식 고추 만진다'는 격으로 의미없는 일이라는 뜻이지요. 그러나 역사는 조상이 후손에 남긴 민족의 교훈집입니다. 미래를 생각한다면 많은 선택지를 놓고 과거의 역사에 'If'를 삽입해보는 것은 오히려 의미있는 일이라 생각합니다.

백제 멸망은 한반도와 일본열도를 정치적으로 분리시킨 한·일사의 가장 큰 사건인데 만일(If) 백제·왜 연합군이 나·당연합군에 이겼다면 남한과 일본열도 사이에 연합국이 생겼을 것이 분명합니다. 그 세력은 일본열도를, 남으로는 오키나와 대만, 그리고 북진하여 북해도, 사할린까지. 언어 상으로는 적어도 남한과 일본열도가 이어졌다면 백제어로 통일되었음에 틀림없습니다.

*자기 자신을 뜻하는 일본어 「お(己)」와 우리말 '너'는 「なんじ(汝)」와 같은 계열이다.
なんじ=なん+じ, 「なん」은 '너(nan − na − no)', 「じ」는 'ㅅ(si)'로 「お(己)」는 no → ono로 '너'를 뜻하는 일본어 「前」이 「お前」가 된 것과 마찬가지이다.

mae → o + mae
어두모음화
「おのが枝々」는 깊은 뜻이 있다. 백제멸망 직전 일본 스이코조(593~628)는 진왕(辰王) 출신으로 여겨졌다. 한편 백제가 멸망했을 당시 의자왕의 왕자 부여융(夫餘隆)은 포로가 되어 당의 장안으로 끌려가 그곳에서 죽었는데 그의 묘비가 1920년 낙양에서 발견되었다. 그 내용은 "융은 백제 진조인(辰朝人)이다…"로 시작된다. 백제와 왜왕가는 같은 진왕가 출신이므로 같은 뿌리에서 나온 다른 가지이다.

또한 만일(If) 고구려가 삼한을 통일했다면 한반도와 만주일대에 대 고구려국이 형성되고 중국대륙 깊은 곳까지 한국인이 세력을 떨칠 수도 있었을 것입니다. 그렇다면 한국어는 대륙 일대로 퍼졌을 것이 분명하지요. 적어도 한자어의 영향은 오늘 날 한국어보다 훨씬 적을 것입니다.

Ⅲ

일본어는
백제어로부터 발달했다

Ⅲ-1. 천황은 백제어를 썼다

일본어의 출발점

고대 남한지역에는 남방계의 벼농사민 가라족(韓族)이 대부분이었고 그 기반에 북방기마유목민(부여족)이 지배계급으로 군림했으므로 남한의 서민어는 주로 남방계의 낱말에 알타이어 문법으로 엮어져 있었을 것입니다.

일본의 야요이(弥生) 시대(BC3c~AD3) 초기에 열도로 건너간 것은 지리적으로 가까운 남한 해안지대 사람들이었으므로 당연히 일본어의 중심은 가라어를 중심으로 하는 남한어였습니다. 그러나 그후 한반도 각지의 사람들이 건너가면서 다양한 방언이 일본열도에 널리 퍼졌습니다. 특히 4세기 왜의 오진(應神)왕 이후 기내지역은 백제계의 왕권이었으므로 백제어 중심이 되었습니다. 로마의 좁은 7언덕 아래에서 쓰이던 라틴어가 로마제국의 팽창과 더불어 이탈리아 전국, 그리고 프랑스, 스페인, 루마니아 등으로 퍼진 사실에서도 권력과 언어의 깊은 관계를 엿볼 수 있습니다. 663년 백제 멸망 이후 한반도와 일본열도의 교류는 끊어진 상태가 되어 한반도어와 일본어가 서로 영향을 주는 일은 없었습니다.

필자의 '일본어는 백제어를 중심으로 발달되어 왔다'는 주장에는 다음과 같은 근거가 있습니다. 6~7세기 백제의 담로였던 일본의 아스카왕조(飛鳥王朝)와 백제왕가는 친척관계(실제로는 백제의 분국)에 있었고 궁중에서는 백제어를 사용했던 것입니다. 오진왕

이래 8세기 천무(天武)의 대까지 항상 백제왕자들이 왕들의 측근에 있었습니다. 나아가 백제계 학자는 평소 백제어를 사용하면서 백제식 훈독을 보급시켰습니다.

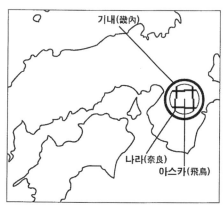

나라와 아스카의 위치: 당시 왜왕조의 세력권 기내(畿內)

문화현상에는 먼저 정착한 것이 후세로 이어진다는 선착효과(The first settlement effect)가 있습니다. 타이프라이터의 문자판과 같이 처음에 정착된 것이 끝까지 영향을 미치는 것입니다. 일본의 한자 보급도 마찬가지로 처음에 백제학자가 전한 것이 그대로 후세에 전해졌습니다. 특히 문자에 관해서는 백제식 이두와 훈독법이 일방적으로 보급됩니다. 『일본서기』안의 「오진기」 15년(A.D 404년경)에는 "백제로부터 아직기(阿直岐)가 도래하여 능숙하게 문장을 읽고 태자의 스승이 되었다" 는 기록이 있습니다. 또한 오진왕이 "너보다 뛰어난 박사는 없느냐"고 묻자 아직기는 "왕인(王仁)이 있습니다" 고 답하여 속히 사람을 보내 이듬해에 왕인을 일본으로 모셔왔고 즉시 태자의 스승으로 임명됩니다. 이로써 일본 조정에는 두 학파가 생기고 아직기는 후미토(史人)*학파의 시조가 되었으며 왕인은 후미오비토(書首) 학파의 시조가 되었는데 이들 두 학파가 왜 조정에 학문의 쌍벽을 이루었습니다. 그후 일본 학자는 모두 이 두 집안에서만 배출되었습니다(『일본서기』). 이와는 별도로 『고사기』에는 왕인이 유교의 입문서인 『논어』 10권과 한자의 입문서인 『천자문』 1권을 가지고 왔다는 기록이 있습니다. 이들 기록내용으로 판단하면 아직기는 백제식 이두(吏讀–만엽문자의 바탕)를 가르친 것으로 생각할 수 있습니다.

*붓 bus – but – bude – fude ふで(筆), 말자음 'ㅅ'은 일본에서 't'로 변한다.
붓을 다루는 사람이 곧 역사를 기록하는 사람 筆人~史人

「천자문」이 만들어진 것은 중국 남조의 양(梁, 502~507) 시대로 왕인이 일본으로 건너간 시기에는 아직 없었을 것입니다. 그러나 그가 천자문에 가까운 것과 많은 중국 고전을 가지고 건너간 것은 분명합니다.

일본어의 실체-천황어

일본 국수주의가 한창 기세를 부렸던 시절에는 도쿄대학교의 히라이즈미 기요시(平泉澄) 교수와 같이 "일본어는 신의 말씀이며 일본어와 같은 계통의 언어는 없다"고 주장하는 사람도 있었습니다. 설마 요즘 세상에 그런 생각을 하는 사람은 없을 것입니다만 여전히 많은 일본사람들은 일본어는 무언가 특별한 언어라고 생각하고 있는 듯합니다. 하늘에서 내려왔는가, 땅에서 솟아났는가 과연 그 실체는 어떤 것일까요? 그 답으로 '천황의 말'이라 한다면 저 세상에 있는 히라이즈미 교수도 그렇게 서운해 하지는 않을 것 같습니다.

천황의 중요한 역할은 시짓기 모임(歌会)을 주최하고 궁중제사를 도맡는 것으로 신에게 바치는 축사(祝辭)와 와카(和歌)의 전통을 유지 · 보존함으로써 일본어를 지켜온 데 있습니다. 10세기에 편찬된 일본 궁중 제사와 법도를 설명한 『연희식(延喜式)』에 따르면 천황가에는 3주의 가라신(2주는 백제계, 1주는 신라계)이 모셔져 있습니다. 축사를 뜻하는 말 「のりと*」^{no-ri-to} 부터가 가라어이며 가라신에 대한 「のりと(축사)」^{no-ri-to}의 내용 또한 당연히 가라의 신이 알아들을 수 있는 가라어였을 것입니다.

왕인은 일본으로 건너갈 때 이미 대학자였으므로 그 당시 연령

*のりと : のり^{no-ri} + こと(言)^{ko-to}
nobe(ru) のべ(る) 늘어(놓은)
のり nori‒ niru 이르(다) 告, 宣
⋮ 모음변화
⋮　　　 iru 이르(다) 言
⋮
⋮　　　 ifu いふ(言ふ)
i+nori いのり 祈
⋮
inochi いのち 命
가장 소중한 기도는 목숨에 관한 것이다

은 적게 보아도 30세는 넘었을 것으로 생각되어 새롭게 외국어를 배우기에는 늦은 나이였습니다. 그럼에도 불구하고 그는 일본어의 정수 와카(和歌-일본 시)를 문자로 표현한 일본 최초의 시인인 것입니다. 이에 대해 극우파 와타나베 슈이치(渡部昇一) 교수는 '귀화인'인 왕인이 천황에게 충성을 다하여 일본어를 완전히 마스터했기 때문에 왕이 선정하는 시집(勅選集)의 서문에서 와카의 아버지라고 칭송 받았다고 했습니다(『일본어의 마음』). 그러나 왕인은 가르치는 입장이었으며 특히 일본어를 공부한 흔적은 어디에서도 찾아볼 수 없습니다. 왕인의 주변 사람들은 대부분 백제계 사람들이었습니다. 그 무렵 일본의 학자는 모두 백제인으로 직책이나 출신 지역을 이름으로 딴 가와치노 후미노오비토(西文首)나 야마토노 아야씨(東漢氏)라 불리고 각각 가와치(河内)나 야마토(大和)의 백제인 마을에 살던 집단이었습니다.

최근 미국에 살던 저의 친척이 20년 만에 고향에 돌아왔습니다만, 그는 미국 한인 사회에서만 살았기 때문에 지금도 영어를 거의 못합니다. 왕인이 접한 일본어가 따로 있었다고 해도 그 일본어는 어떤 말이었을까요. 저는 그가 접한 일본어가 백제어와 다르지 않았을 것으로 생각됩니다. 왕인은 일본어를 따로 마스터할 필요도 없이 훌륭한 백제어를 구사했을 뿐이었던 것입니다.

천황이름에 붙는 '仁(히토)'는 원래 '人(히토)'였다

메이지 유신(1868년) 이전의 역대 천황들은 어머니를 「おも(어머)」 라고 불렀습니다. 천황도 궁 안에서는 이름이 불렸을 것입니다. 2장에서 설명한 바와 같이 게이타이왕의 본래 이름은 오오토

(男大迹)입니다. 최근의 천황도 히로히토(裕仁), 아키히토(明仁)와 같이 천황의 이름에는 '仁(히토)'가 붙습니다. '仁(히토)'가 문헌상에 명확하게 등장하는 것은 3세기 초의 내용을 기록한 신화로 『일본서기』의 「垂仁記」가 처음으로 보입니다. 즉 대가라국 왕자의 이름 아라시도(阿羅斯等) 또는 우시기이라아리시치(干斯岐阿羅阿利叱知)라고 하는데, 즉 斯等는 叱知로 위서(魏書)에는 진국(辰國) 내의 부족국가의 왕은 臣智라 쓰고 있습니다. 옛말 '님'이 '님금'으로 왕을 뜻했던 것과 마찬가지로 고대어 '斯等'는 왕이었으나 지금은 그저 '사람'을 뜻하게 된 것이지요.

또한 『神武紀』에 있는 「え^eう^uか^{ka}し^{si}, おと^{o-to}う^uか^{ka}し^{si}」, 「高倉下(た^{ta}か^{ka}くらじ^{ku-ra-ji})」 등의 「し^{si}」, 「じ^{ji}」도 斯等의 「し(斯)」와 같다고 볼 수 있으며 이러한 「し^{si}」, 「じ^{ji}」는 한·일 공통어입니다.

아버지 aboji − oyaji おやじ 親父

아저씨 ajisi − oji おじ 小父

(某)なにがし(아무개 씨), (主)おぬし '씨'는 일본어 「し」에 대응

고대어 臣智, 叱知의 「ち^{chi}」는 예를 들어 '그 치'와 같이 현 가라어에서 '사람'이라는 뜻의 '치'에 그대로 대응합니다. 斯等의 「と^{to}」는 「あきんど(商人:장사치)」, 「なこうど(仲人:중매인)」 등에도 남아 있습니다. 이것을 도표로 나타내면,

斯等 し^{si-to}と − 叱知 し^{si-chi}ち
┌ し^{si} − 지 (한·일 공통)
└ と^{to} − 치

천황의 이름(히토)부터가 고대 가라어 그 자체인 것입니다.

斯等는 人로 일본어에 남는데 한국 문헌에서는 '시치'로만 남아

118

있습니다.

각시와 어머니

간무천황(桓武天皇)의 어머니는 무령왕의 후손 다카노 신카사(高野新笠)였다. 나는 한때 교토(京都)에 있는 한 연구소에 신세를 진 적이 있는데 다카노 신카사(高野新笠)의 무덤이 통근 길에 있어서 그곳을 지날 때마다 신카사(新笠)에 대해 생각해 보았다.

신카사는 가라어 '새각시'를 뜻한다. 일본어에서 「かかあ」^{ka-ka-a}는 '마누라' 또는 '콧대가 높고 발랄한 여성'으로 품위가 없는 말이다. 「かか_あ」^{ka-ka-a}는 가라어 '각시'가 오래되어 「かか」^{ka-ka}가 된 것이다. 그러나 「신카사(新笠)」는 새각시에서 파생된 말로 '천황의 각시'에 해당하는 말이다.

「おかあさん」^{o-ka-a-san}이라는 단어가 나온 것은 메이지(明治)유신 직후로 그 당시 '어머니'를 뜻하는 일본어는 수백 개나 되었지만 마침내 일본 문교부에 의해 「かあさん」^{ka-a-san} 하나로 통일되었다. 「おかあさん」^{o-ka-a-san}의 어원은 「かあ」^{ka-a}이다. 「お」^o와 「さん」^{san}은 후에 붙여진 것으로 「かあ」^{ka-a}는 고대 가라어 '갓'에서 나온 것으로

보인다.

『일본서기』 「신무기」에서는 어머니를 「いろは」^{i-ro-ha}라 읽으면서도 백제왕의 어머니를 「おも」^{o-mo}라고 하고 있다.

메이지유신 이전 천황이 교토에 있을 때의 궁에서는 어머니를 「おもう様」^{mo-u-sa-ma}라 불렀다. 지금도 안채를 「おもや(母屋)」^{o-mo-ya}라 부른다.

어머니에 관해서는 다음과 같이 기록된 부분있다.

아버지

그러면 아버지를 뜻하는 일본어 「おとうさん」^{o-to-u-san}은 어디서 나온 것일까?

とと^{to-to} < てて^{te-te} < ちち^{chi-chi} 지

위의 변화에서 알 수 있듯이 '아버지'의 '지'에서 나왔을 것이다. 일본의 지방에서는 지금도 '아버지'라는 뜻으로 「とと様^{to-to-sa-ma} てて親^{te-te-o-ya} ちち^{-chi}」 등을 사용하고 있다. 아버지를 뜻하는 일본어 또한 수백 개가 있었다. 현 표준한국어 '아버지'는 일본어 「おやじ」^{o-ya-ji}에 대응된다.

abo - oboi(어버이´親) - oya(おや´親)

와카(和歌)는 백제어로 씌어진 것이다

어느 목수의 낙서: 호류지(法隆寺)5층탑 판자에 씌어진 나니와쓰의 노래

일본의 9세기의 시집『고금와카집(古今和歌集)』의 편자 기노쓰라 유키(紀貫之)는 그 서문에「천황에게 바치는 노래」라는 왕인의 시를 소개하며 왕인을 와카(和歌)의 아버지로 칭송하고 있습니다. 곧 문헌상 첫 와카라는 것입니다. 닌도쿠천황(仁德天皇)의 즉위를 맞아 그의 영광을 기린「難波津の歌(난파진의 노래)」^{na-ni-wa-dsu no-u-ta}는 일본인들이 설날에 하는 놀이인「かるた」^{ka-ru-ta}시를 읽으며 그것이 쓰인 카드와 문자카드의 짝을 맞추는 놀이)에서는 노래시합을 시작하기 전에 반드시 맨 먼저 그 시를 읽는 것이 관례입니다. 또한 이 시는 호류지(法隆寺)를 세운 한 목수가 오층탑의 내부 나무판에 심심풀이 글로 "なにはづにさくやこのはな(나니와 터에 피는 이 꽃)"^{na-ni-ha-dsu-ni-sa-ku-ya-ko-no-ha-na}라고 썼을 만큼 보급되었던 것으로 그외 여러 유물에 남아 있습니다.

일본의 잘 알려진 10세기 고전문학『마쿠라소시(枕草子)』에서도 서예를 연습시키는 모습을 묘사한 장면에 "……나니와즈(難波津)의 노래든 뭐든 써"라는 구절이 있어, 이 노래가 배움의 기초에 해당하는 것이었음을 시사하고 있습니다. 말하자면 한국의 '가, 나, 다, 라'와 같은「伊呂波の歌」^{i-ro-ha-no-u-ta}(일본가나 노래)이기도 했던 것입니다.

몇 해 전 요미우리 신문(1998. 11. 5)에 실린 잘 알려진 문학비평가 오오카 노보루(大岡信)씨의 칼럼에 '이 와카의 작자를 알 수 없다'고 쓰인 글을 읽고 깜짝 놀랐던 적이 있습니다. 그 정도의 학식을 가진 사람이 일본의 고전『고금집(古今集)』을 모를 리는 없습니다. 아마도 그는 백제인이 와카를 처음 만들었다는 것은 무엇인가 잘못된 것이라 생각했던 모양입니다. 사실 저 자신도 일본어와 백제어의 관계를 연구하기 전에는 그와 같은 생각을 했던 적도 있습니다. 그러나 당시의 상황으로 미루어 와카를 글로 쓰기 시작한 것은 틀림없이 문자를 전유했던 백제계 문인이었습니다.

〈難波津の歌(나니와즈의 노래)〉*
na-ni-wa-dsu-no-u-ta

難波津に咲くや木の花冬こもり　나니와 터에 피는 나무 꽃 겨울은 감추고

今は春べと咲くや木の花　　　지금이 봄이라고 피는 나무 꽃

*『고금집(古今和歌集)』:정식 이름은 『고금와카집(古今和歌集)』으로 1111 수의 시가 수록되어 있으며 AD 916년 경에 편집되었다.

이 시어는 고유명사 '難波' 를 포함하여 모두 가라어에 대응하고 있으며 당시의 백제어였음을 보여줍니다. 예를 들면 '難波' 는 일본어로 읽으면 「なにわ, なんば」로 '바다, 파도' 와 관련된 말입니다. 백제(고구려)에서 파도(바다)는 고어(고구려어)로 '余美' 라고도 썼습니다.

왕인의 와카(和歌)의 낱말

왕인의 시는 '나니와즈의 노래(難波津の歌)' 또는 '매화송(梅花頌)' 이라고도 불렸습니다.

難波津に咲くやこの花冬こもり今は春べと咲くやこの花

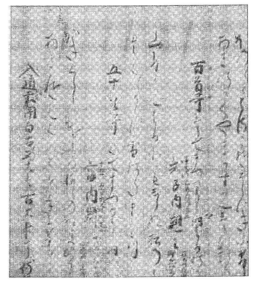

13세기 고금집

나니와 터에 피는 이 꽃이여 겨울을 숨기고 지금이 봄이라고 피는구나 이 꽃은

*나머지 namoji - nokori 残り
  나 amari あまり - omake
              おまけ (덤)
    a - o 모음변화, ri - ke
미 - み 水
'余美' 는 백제 식으로 읽으면 '나
미' 가 되는데 이것은 그대로 일본
어의 파도 「なみ」 이며 곧 바다라
는 뜻의 「うみ(海)」 로 바뀌게 된다.
(nami - ami - umi うみ)
      │ n탈락 모음변화
'余美津' 는 namito - minato 港
                  도치
장소를 뜻하는 '터' 는 일본어로
「つ」 에 대응 터 - つ
요컨대 '나니와즈' 는 현대식으로
는 '미나토구(港區)' 이다.
또한 전라도 일부 해안지방에서
는 지금도 파도(波)를 '나부리' 라
고도 합니다. 「難波」 는 일본어로
「なんば」 라고도 읽지만 「나부리
- なんば」 와 같이 대응한다.
나미   nami - nani   ┐naniha
      │   m - n   │なには
나부리 naburi - nanba ┘
일본어에서도 「なにわ」 와 「なに
は」 는 같은 것이다.

① 「に」 는 가라어 「에」 로 「に」 와 「え」 는 모음변화입니다.

② 만엽문자(일본의 이두)에서는 「この花(이 꽃)」 부분이 「此花」 또는 「己乃花」 로 두 가지입니다. 왕인과 인연이 있었던 지역은 고노하나구(此花区)로 명명되었습니다(1925년). 그러나 매화를 칭송했다고 한다면 「木の花」 가 올바른 것 같습니다. 「木(き)」 가 「こ」 가 되는 것이 더 자연스럽기 때문입니다. 「木(き)」 는 '나무' 로 한반도 남부 방언에서는 '나무기' 또는 '나무구' 라 하기도 합니다(경상도에서도 소나무를 '소낭구' 라 함). 이것이 '새우와 게' 현상을 일으킨 것입니다. 『계림유사』에서는 '南記(namki)' 를 '나무(木)' 로 소개하고 있습니다.

나무기 ┌── 나무(가라어)
        └── 기-き(木) こ(야마토어)

10여년 전 일본 주한대사 중에는 가무나기씨(巫木氏)가 있었습니다. 저명한 역사작가 시바 료타로씨는 한국에서 있었던 어느 강연에서 '가무나기' 라는 성은 천황이 제사를 할 때 옆에서 신내림을 돕는 명문가였다고 소개했습니다. 지금도 한국에서는 무당 굿을 치를 때 나무를 흔들며 신내림을 받으므로 이 말의 뜻을 금방 이해할 수 있습니다.

「巫木」 의 「木」 는 「なぎ」 라고 읽습니다. 「なぎ」 는 가라어 '나무기' 와 같은 어원일 것입니다. 「神木」 로 「なび」 가 「木」 였습니다.

なび nabi - nagi なぎ(木)

③ この花 : 고대 한·일어에서는 「こ」, 「い」 의 구별이 없었던 시기가 있었습니다.

122

ここ － 이것
(ko-ko)

こけ(苔) － 이끼
(ko-ke)

소유격을 나타내는 일본어 「の」 는 가라어 '의(wi)' 에 대응하며
(no)
고대에는 같은 말이었던 것으로 추측됩니다. 이두어의 소유격을 나
타내는 叱(싯)은 sitsu － tou 가 되고 일본 고대어의 소유격 「つ」 와
(tsu)
같습니다.

つ   ┌── tsui － ui － eui 의
tsu   └── tui － du － no の

「この花」 는 '이 꽃'
(ko-no-ha-na)

④ 咲く : 「咲く」 는 가라어의 '싹' 에 대응합니다. 싹은 나무 껍
(sa-ku) (sa-ku)
질을 뚫고 나오는 것으로 일본어 「先, 裂」 과도 같습니다. 꽃봉오리
(sa-ki sa-ku)
를 찢고(裂く) 나오는 것은 곧 「咲く (피다)」 로 백제어에서는 '싹'
(sa-ku)   (sa-ku)
이 나는 것과 꽃이 '피는' 것을 같은 의미로 사용했었습니다.

지금의 가라어에서는 「咲く」 대신에 '피다' 를 씁니다.
(sa-ku)

필 biru － hira 開(く)

        b － h

咲く － 사쿠
(sa-ku)

開く － 필
(hi-ra-ku)

아마도 백제어는 '사쿠' 이고 신라어는 '필' 이었을 것입니다.

⑤ 「花」 은 꽃 － 꼬 ko － ho － hana はな
   (ha-na)

            k-h   o-a(모음변화)

⑥ 冬 : 춥(다) － chyu － hiyu － fuyu ふゆ
(hu-yu)

⑦ こもり : 감추(다) － kamuchu － komuchu(남부지역 말)
(ko-mo-ri)
－ komori こもり(隱)

가라어와 야마토어의 대응관계를 정하기 위해서는 유사어를
생각해보면 쉽게 알 수 있습니다.

	야마토어		가라어

ko-mo-ru
こもる　　komoru – komuchu　　감추(다)

隱　　　　｜m – k

ka-ku-re-ru
かくれる　kakure

かこい　kakoi ┐

囲　　　　　　　　kadu – 가두(다)

かこむ　kakomu ┘

垣　かき　kaki ┐ kari – 가리(개)

霧　きり　kiri ┘ *「개」는 접미어 きり (안개)

影　かげ　kage – kurimja – 그림자
　　　　　　　r탈락

雲　くも　kumo – kurumu – 구름
　　　　　　　r탈락

⑧　今 : 이맘(때) iman – ima いま 지금

　　*이맘 때, '때' 는 「時」

⑨　春 : 봄 bomu – hour – haru はる
　　　　　　b–h

1600년 이상의 역사를 갖는 이 시어가 이와 같이 대응하고 있
다는 것은 신기할 정도입니다. 「나니와즈(難波津)의 노래」는 완전
히 왕인시대의 백제어였던 것으로 생각할 수 있습니다.

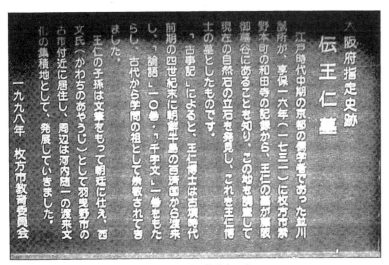

왕인 묘비 : 오사카(大阪) 마이가타시(枚方市)에 있는 왕인의 묘비

일본 학자의 편견

여기서 마음에 걸리는 것은 와타나베 쇼이치(渡部昇一) 씨가 이들 백제학자들에 대해서 굳이 '귀화인'이라는 말을 사용한다는 점입니다. 와타나베 교수는 기회가 있을 때마다 한반도에 관련된 것을 멸시합니다. 귀화인에 관해 후지마 쇼타(藤間生太)도 『4,5세기의 동아시아 일본』, 이와나미(岩波) 강좌 『일본역사』에서는 다음과 같이 쓰고 있습니다.

"귀화인이라는 명칭에는 스스로의 의지로 일본으로 건너와 토착인이 되는 길을 골랐다는 뜻이 담겨 있다. 이것은 사실과는 다르다. '귀화인'들 중에는 그렇게 한 사람도 있지만 대부분은 침략당하여 일본으로 끌려왔거나 대륙군주의 증여에 의해 일본으로 건너온 자들이다."

요컨대 '귀화인'이란 한반도에서 일본열도로 '강제로 끌려온 사람'이라는 뜻인데 와타나베씨는 한반도 출신을 얕보고 그렇게 쓴 것입니다. 일본의 국수주의자들은 이런 식으로 한반도에 관련된 것을 모두 업신여기는 경향이 있습니다. 그러나 아무리 생각해도 위에서 말하는 귀화인의 정의에 왕인(王仁)과 아직기(阿直岐)를 비롯한 일본으로 건너간 학자, 예술가 등에는 전혀 해당되지 않는 말입니다.

우에다 마사아키(上田正昭) 교수는 『귀화인』에서 "고대에는 귀화인은 없었으며 대부분이 도래인(渡来人)이었다"는 것을 명확히 밝히고 있습니다. '와타나베(渡部 또는 渡辺)'는 일본에 가장 많은 성씨로 대부분 도래계열임이 명백합니다. '바다'가 일본어 「わだ(わ だつみ*)」가 되었으며 「わだ(海)」를 건너게 하는 직업인 사공이 「渡部(わたりべ)」입니다. 일본 우파의 한국 얕보기는 결국 자기 얼굴에 침 뱉는 격입니다. 와타나베(渡辺) 교수는 여기에 덧붙여 "한국인이라도 일본에서 태어난 사람들 중에는 문학상을 수상할 정도로 일본어를 잘하는 사람도 있고 일본인보다 훌륭한 일본어로 글을 쓰는 사람도 많다. 일본어를 모국어로 자란 것이니 당연하다" 하면서도 한편으로는 "한반도 출신으로 와카(和歌)를 잘 짓는 사람, 특히 정월의 중요한 궁중행사인 첫 와카모임(歌会 始:うたかいはじ め)에 등장하는 사람이 있다는 것은 들어본 적이 없다"고 단언하고 있습니다.

그러나 이것은 명백히 잘못 알고 있는 사실로 한국어를 모국어로 하는 한국태생이면서도 와카 명인이 된 사람도 많습니다. 바로 중년에 일본으로 건너가 와카의 아버지가 된 왕인이 그러하며 저명한 만엽가인인 야마노우에 오구라(山上憶良)도 백제태생이라는 것

*「わた」는 '왔다'에서 파생된 말로 바다(신라어) "바다를 건너서 왔다"라는 뜻의 일본어 "海를 渡(tsu-te-ki-ta)って来た"라는 문장에 등장하는 단어 海, 渡, 来 모두 「わだ(海)」에 관련되어 있다.

渡 : わたり, 왔다

来 : 한국어는 '왔다'인데 일본어는 '온다(くる)', kuru-huru-oru (온다)

海를 umi(うみ)로 읽는 것은 백제식이다. 백제어 余美 yomi-umi わだつみ＝わだ＋つ＋うみ

わだ ー바다(신라어)
つ ー의
うみ ー여미(백제어)

즉 「わだつみ」는 신라어와 백제어가 결합된 말로 바다의 여미(余美)를 파생시킨 '새우와 게' 현상이다.

은 와타나베씨 자신도 알고 있을 것입니다. 또한 근래에는 궁중 와카모임에 참가한 한국어를 모국어로 하는 여성도 있습니다. 서울에 거주한 손호연(孫戸妍) 여사는 모국어는 한국어임에도 1998년의 궁중 와카모임에 참가했습니다. 다른 나라라면 몰라도 백제계의 피를 이어받은 사람이라면 현 한국인이라도 마음만 먹으면 충분히 와카의 달인이 될 수 있는 사람이 얼마든지 있습니다. 새삼스러운 일이지만 왕인의 시가 백제어였다는 것에서도 알 수 있듯이 '와카'는 백제의 시가에서 시작된 것으로 백제시가 와카인 것입니다. 한국인 얕보기가 도를 넘어 와타나베 쇼이치 씨의 한국 얕보기는 결국 사실을 왜곡하기에 이른 것입니다.

III-2. 백제학자와 일본어

고대 한국어는 현 한국어보다 일본어에 가깝다

와카(和歌), 유교·불교의 경전, 만엽문자(万葉仮名:이두) 등 일본문학과 사상, 종교에 관련된 모든 것은 백제계 학자들에 의해 보급되었습니다. 백제 멸망 직후 왜에서 중용된 백제로부터 온 망명학자들은 모두 실력으로 대우받았던 것입니다.

『일본서기』에는 다음과 같은 글이 실려 있습니다.

"백제인 사탁(沙宅)이 죽었다. 총망하고 지식이 많으며

그 시대의 대학자이다. 천황은 놀라며 그의 평소의 공을 우러러 큰 벼슬을 내리고, 본국 백제의 대좌평위 자리를 하사했다."

사탁쇼메이(沙宅昭明)는 법관대보(法官大輔) 즉 법무대신이었습니다. 그는 백제인이라서가 아니라 학식으로써 중용되었던 것입니다. 특히 주목할 것은 왜국의 지위와 함께 백제 본국의 벼슬을 내렸다는 사실입니다. 왜왕조와 백제왕조는 하나였던 것입니다. 그 근거로 백제 멸망 직후 신라의 문무왕(文武王)이 675년에 당나라에 보낸 상표문(上表文)에는 왜를 백제로 간주하고 있는 내용이 포함된 것이 있습니다(『백마강 전투와 임진왜란』, 小林惠子). 앞장에서 설명한 바와 같이 백제와 왜는 남한과 일본열도에 연합국가 건설을 기도하고 있었습니다.

백제어는 일본어와 같이 모음으로 끝나는 말인 개음절(開音節)이었으며 받침·된소리·거센소리가 없었습니다. 가령 오늘날의

'땅' 은 '다' 라고 하는 식이었습니다. '왕인' 이름 또한 백제어로는 '와니(わに)' 이며 오늘날의 일본인 역시 그렇게 부르고 있습니다. 고구려(高句麗)의 본래 발음 '고구리' 는 일본식 발음 「こうくり」 에 더 가깝습니다.

가령 몇 개 남지 않은 신라인의 이름을 봅시다. 신라도 일본과 마찬가지로 한자명을 쓰기 전에는,

異斯夫 이사부 – 이사무 – いさむ(近藤 勇, 저명한 검객)
異次頓 이차돈 – 이자도 – いさんと(池田 勇人, 전 총리)
脱解 탈해 – たける(倭 健, 정복영웅)

와 같이 오늘날의 일본인 이름과 비슷한 것이 많았습니다.

백제학자들의 한자 교육

백제학자 왕인은 어떤 방법으로 태자에게 문자를 가르친 것일까요? 현대에 들어서 우리들이 처음으로 영어를 배웠을 때와 그다지 다르지 않았을 것입니다. 영어를 시작할 때에 'book' 은 '북' 이라 읽으며 뜻은 '책' 이라고 배웠던 시절을 떠올려보면 좋을 것 같습니다. 이와 마찬가지로 백제어로 「地」 는 '지' 라 읽으며 뜻은 '땅' 이라고 가르쳤을 것입니다.

일본에 최초로 들어간 한자의 음과 뜻은 모두 백제어이며, 백제학자가 훈독과 일본의 이두인 만엽문자의 시조입니다. 매우 흥미롭게도 우리말에서 「地」 의 뜻은 '땅', 음은 '지' 로 얼마 전까지 서당에서도 '天 地…' 의 순서로 시작되는 천자문을 배울 때 '하늘 천, 따지…' 와 같이 읽었습니다. 그때는 '따' 가 '다' 였으므로 '다 지' 가 바로 「タチ」 라는 발음으로 일본에 전해졌고 이윽고 '땅' 을 뜻하는 일

서당: (김홍도의 풍속도)과 천자문

천자문:서당에서는 '地'를 'ᄯᅡ 디'로 읽었다.
'땅'이 'ᄯᅡ'로 되어있다.

본어 「つち」가 된 것입니다.

　　땅 지 – 다 지 tachi – tsuchi つち(土)

　　현 한국어 '땅'은 한글창제 이후 원래의 'ᄯᅡ'에 'ㅇ'이 붙은 것입니다. 또한 음독으로 '작'인 까치는 일본어로 「かささぎ(鵲)」라고 합니다.

　　「つち」「かささぎ」등은 그 옛날 백제 식으로 한자를 배웠을 무렵의 낱말이 남아 있는 단어입니다. 이런 유풍은 한국도 마찬가지입니다. 가령 여우의 옛말은 '여시'이며 한자는 '狐(호)'입니다. 음과 뜻을 이어서 읽으면 yosiho – yoho – you 여우 가 됩니다. 천자문을 배우는 방법은 한·일 모두 같습니다.

130

일본의 까치

『일본서기』의 「닌토쿠기(仁德記)」에는 백제왕족 사케노키미(酒君)와 천황이 매(일본어로鷹) 사냥을 즐겼다는 말이 있으며, "백제에는 많이 있는 새로 구치(俱知)라고 한다"고 설명하고 있다.

까치는 일본어로 말하면 「かささぎ(鵲)」로 일본에서는 구마모토(熊本)현에서만 볼 수 있으며 이 지역에서는 'かちからす(ka-chi-ka-ra-su)' 라 부르고 있다. 그것은 가토(加藤淸正)가 한반도에서 들여왔다고 한다.

백제어로는 그 당시 까치가 '다카(鷹, ta-ka)'이었던 듯 하다. 어느 사이에 사라져버린 보라매 대신에 かささぎ(鵲, ka-sa-sa-gi)를 '까치' 라 부르게 되었던 것이다.

까치 · 작 kachichak −kasasagi
　　　　　　　かささぎ
　　　　　　cha − sa
『위지』 「왜인전」은 왜에 「かささぎ(鵲, ka-sa-sa-gi)」가 없다고 단언하고 있다.

俱知 kuchi − kuti − tiku
　　　　　　− taka　たか鷹
　　　　　도치　모음변화
kachi 까치

일본 최대 발명은 훈독체

가끔씩 일본인들 사이에서도 일본인이 이루어낸 발명에 무엇이 있는가? 하는 물음이 나옵니다. 일본은 최근 몇 년간 거의 해마다 노벨과학상 수상자를 배출하고 있으므로 이제 그 창조성을 의심하는 사람은 없어졌습니다만 얼마 전까지만 해도 외국인은 물론, 일본인 사이에서조차 메이지유신 이후 너무나도 빨랐던 서양문물의 모방속도를 놀라워하며 모방의 천재로 여기는 한편 그 창조성을 의심하는 일이 있었기 때문입니다. 메이지(明治) 시대가 되어 인력거를 발명했다고 하는 사람도 있습니다. 시바 료타로(司馬遼太郎) 씨는 농담 반 진담 반으로 "다쓰키(소매띠)와 하치마키(머리띠) 정도

였다"고 했습니다. 이에 대해 '한국인도 하치마키를 했다' 는 말이
나오자 "그럼 다스키 정도밖에 없다"며 웃었습니다. 또한 그는 다른
곳에서는 일본인의 최대 발명품이 연애문학이라고도 했는데 아마
도 10~11세기 헤이안조(平安朝) 시대의 히라가나만으로 쓴 『겐지
이야기(源氏物語)』*와 같은 가나문학을 말한 것입니다.

굳이 저의 생각을 밝히자면 일본인의 최대 발명은 한문(중국문)
을 일본어로 읽는 '훈독체' 라고 생각합니다. 그 훈독체의 발명에
의해 한문(외국어)으로는 표현할 수 없는 미묘한 심중을 자유롭게
일본어로 쓸 수 있게 되었고 그것이 헤이안조의 가나문학을 가능하
게 한 것입니다. 돌이켜보면 한·일어는 처음부터 훈독체를 만들어
쓰기에 적합한 언어였습니다. 원래 한·일어는 낱말과 낱말 사이를
아교로 붙이는 것과 같은 조사가 있는 '교착어' 이기 때문에 외국어
를 받아들이기 쉬운 문법적 기능을 지녔습니다. 어근과 접사의 결
합으로 말이 만들어지는 것이므로 접미어의 변화에 따른 어근의 변
화가 없기 때문입니다.

예를 들면 '엔조이하다', '러브하다' 와 같은 것이 있는데 일본어
어법도 문법적으로는 다음과 같은 표현이 가능합니다.

enjoy する, love する   *「する」는 '~하다' 의 뜻

할 － 하다

h － s

する

'하다' 와 「する」 는 같은 '할' 에서 나온 것입니다.

이와 같은 언어적인 성격을 갖는 한·일어의 구조는 공통적으
로 중국어(한어)에 자신의 언어의 어미만을 붙여 그대로 자국어로

*『겐지이야기(源氏物語)』는 유류
작가 무라사키 시키부(紫式部,
978~?)가 쓴 총 54권으로 구성
된 장편 연애문학이다. 당시의 귀
족사회를 잘 묘사한 일본 최고의
문학작품이다.

삼기가 쉬웠습니다. 한국어와 일본어에 중국어(한어)가 절
반 이상 포함되어 있는 것도 그만큼 편입하기 쉬웠기 때문
입니다.

따라서 일본어가 훈독체를 정착시킨 것은 지극히 자연
스러웠습니다. 오히려 한국어가 많은 한자어를 받아들이고
도 중국음 그대로 읽어 내려가는 것이 부자연스러운 일이
며 이는 정책적으로 확고하게 중국화할 의지가 있었기 때
문에 가능했던 일이었습니다. 신라의 '당나라화' 라는 국가
적 목표만 없었다면 신라어 또한 충분히 훈독체를 채용했
었을 것이고 한국어와 일본어는 계속 가까움을 유지했을
것입니다.

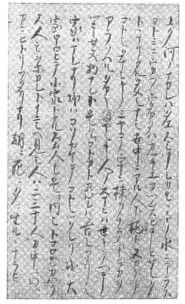

가나문학: 히라가나만으로 쓴 가나문학

훈독체는 한문을 일본어로 읽기 때문에 겨우 촉음 「っ」
과 발음 「ん」 을 개입시키는 정도의 적은 변화였으므로 일
본어 음운의 범위는 그대로 보존되어 현 일본어 음운의 양은 고대
와 거의 같은 수준으로 유지되었습니다.

한편 한국인은 그것을 중국식으로 읽어 내리는 바람에 많은 중
국어 음운이 한국어에 편입되었고 이두만으로는 표현할 수 없는 음
절이 들어왔습니다. 이에 대응하기 위해 한국인이 자랑스러워 하는
한글이 만들어진 이유의 하나로 볼 수 있습니다.

일본식 훈독체와 한국식 독법의 간단한 예를 들자면,
'わすれなくさ(잊지 말아라 풀)' 를 한자어로 쓰면

勿忘草 – 물	망	초
なかれ	わすれ	くさ
(말아라	잊지	풀)

일본어가 되자 「なかれ」(na-ka-re) 와 「わすれ」(wa-su-re) 의 자리가 역전되어 「忘勿草」(wa-su-re-na-gu-sa) 가 됩니다.

최근 한국에서도 한국어를 되찾는 운동이 전개되어 한자어를 고유어로 바꾸는 움직임이 일고 있습니다만 한자어를 백제어(고유 한반도어) 어순으로 읽으면 그대로 현재의 일본어와 비슷해집니다. 한국어의 가라어(고유어)화 운동은 공교롭게도 한국어를 일본어에 가깝게 만드는 것이 될 수가 있습니다.

임신서기석

경주에서 발견된 「임신서기석」은 74문자가 평평한 돌에 새겨져 있는 것으로 여기서의 '임신(壬申)'년은 612년인 것으로 여겨지고 있다(『한국민족문화 대백과사전』). 새겨진 글의 내용은,

"임신년 6월 16일 두 명이 함께 맹세하며 기록한다. 하늘 앞에 지금부터 3년 동안 충성을 지킨다. 실수 없기를 맹세한다. 만일 실수하면 하늘의 큰 벌을 받을 것도 맹세하며 만일 나라가 위기에 처하면 스스로 나설 것을 맹세한다. 7월 22일 다짐한 시경, 상서, 서경, 예경을 3년에 터득할 것이다."

(壬申年六月十六日 二人并誓記天前誓 今自三年以後 忠道執特過失 无誓 若此事失 天大罪得誓 若国不安大乱世 可容行誓之 又別先辛末年七月二十二日大誓 詩尚書禮傳倫得誓三年")

이것은 문법상으로는 한국어에 따른 것으로 신라식 훈독이었던 것으로 생각된다. 그러나 예를 들면 '誓記'를 '서기'라고 읽었는지 '다지며 적는다'고 읽었는지는 알 수 없다. 완전한 (일본)훈독은 모든 한자어를 신라어(일본)로 새기고, '다지며 적는다'로 읽는 식이다.

일본 훈독체의 정착

특히 왕인은 와카의 아버지라 불릴 정도의 시인이며 백제어로 많은 시를 썼습니다. 적어도 그 당시 왜의 수도에서 쓰던 일본어는 거의 백제어와 다를 바가 없었으므로 자유로이 백제어를 썼습니다. 722년에 씌어진 일본 조정에 있는 문헌에는 다카이치군(高市郡-아스카 문명의 발상지)의 인구 중 80~90%가 백제인이라는 기록이 있습니다. 그들은 야마토 정권의 기반이었습니다. 왕인 시대는 100% 백제인이었을 것입니다. 한문을 소화하는 단계로 보아 처음에는 훈독체의 한발 전 단계로 모든 한자를 백제(일본)어 문법에 따라 쓰고 그 옆에 작은 글씨로 조사를 붙일 정도였습니다.

경주에서 발견된 「임신서기석(壬申誓記石)」의 문체가 그렇습니다. 신라어의 구조도 백제어와 같으며 또한 당연히 그 영향도 받았을 것입니다. 별로 알려지는 않았습니다만 홍기문의 연구 등에도 있듯이 실은 신라도 초기에는 일본과 마찬가지로 「오(オ) 무(ム) 하(ハ) 토(ト) 이(イ) 리(リ) 카(カ) 호(ホ) 히(ヒ) 타(タ) 나(ナ) 레(レ) 노(ノ)」 등의 받침이 없는 가나를 사용하여 훈독을 시도했었습니다. 한·일어에 공통적으로 가나의 창작과 훈독체가 있었던 것은 자연스러운 문화적 흐름입니다. 그러나 통일 이후 신라는 훈독체 정착의 한걸음 앞에서 정반대 방향으로 급격히 방향을 틀어 한문의 당나라식 발음에 힘을 쏟았고 고려와 조선왕조에 와서 더욱 정통적인 한문체를 고집했습니다.

한편 일본은 변함없이 한자를 일본 고유어(야마토어)로 읽음으로써 마침내 중국어(한문)를 완전히 일본어화하는 데 성공한 것입니다. 그것은 일본어화라기 보다는 오히려 백제어화라고 할 수 있을 지도 모르겠습니다. 언어와 사고는 밀접한 관계가 있으므로 한문을 읽는 방법은 문화 전반에 영향을 미치게 되었습니다. 훈독체의 정복은 외국문화를 일본식으로 섭취하는 것이 일본의 특징이 되어 유교와 불교에 대해서도 그 방식이 적용됩니다. 즉 일단 외국에서 받아들인 것은 모두 일본화시킨다는 것입니다. 한적(漢籍)과 불교경전을 원전으로 읽지 않고 자국어(일본어)로 읽기 때문에 그 내용이 저도 모르는 사이에 일본적인 색채를 띠게 되는 것입니다.

유명한 왜의 다섯왕의 마지막 왕 무(武)가 478년에 송(宋)의 순제(順帝)에게 보낸 상표문(上表文)에는 다음과 같은 구절이 있습니다.

"우리나라는 멀리서 대국의 밖에 있습니다. 조상 때부터 갑옷을 입고 산야를 돌아다니며 쉬는 날도 없었습니다. 고구려는 도리가 없이 변경의 땅을 빼앗음으로 매사가 지체되고 왕래를 할 수 없게 되어 …"

(hu-u-ken-ha -so-na-e-to-si-ni -si-te-han-wo-so-to-ni-na-su mu-ka-si-yo-ri-so-de-i-mi-tsu-ka-ra-kat
封國は 備遠 にして 藩を 外に 作す。昔 より 祖禰躬甲

-tsu-u-tsu-ra-nu-ki -ya-ma-ka-wa-wo-ba-tsu-syo- si ryo-syo-i-to-ma-a-ra-zu kou-ku-ri-ha-mu-dou-ni-si
冑 環き 山川を 跋渉 し,寧處 遑 あらず 。高句麗は 無道にし

te-ku-ni-yo-ku-mi-ru-mo-no -hei-dou-si-yo-u-to-si don-ryo-ku-syou-hen-kyou-wo-ka-su-me-to-ri
て国欲見るもの 併同しようとし 呑掠抄邊境を掠め取り……"

이 문장은 훌륭한 변려체(駢儷體) 한문인데 그 훈독법 또한 일품입니다. 여기서도 한국인 얕보기가 발동해서 일본인 가운데는 백제인이 아닌 본토의 중국인이 썼다는 추측도 있을 정도로 그 솜씨는 뛰어났습니다. 당시 일본에서 이러한 글을 쓸 수 있는 인물은 왕인과 아직기의 후손인 후미토(史人)·후미오비(書首) 집안 출신 혹은 백제에서 새로이 건너간 학자들 외에는 없었습니다*. 그들은 중국 고전을 충분히 소화했으며 훈·음을 자유롭게 구사할 수 있었던 것입니다.

그 시대의 금석문자(金石文字)*는 모두 백제식 이두로 씌어져 있으며 7세기까지 일본의 유일한 문자였던 만엽문자는 백제식 이두입니다. 또한 712년에 완성한 『고사기』는 백제계 학자에 의해 백제이두와 백제어로 씌어진 것입니다.

*백제 개로왕이 위왕에게 보낸 상표문, 그리고 1948년 부여에서 발견된 사택지적(沙宅智積)의 비석문이 있다. 이들 문장의 수준은 매우 높고 백제학자의 실력을 엿볼 수 있다. 왜왕의 상표문은 백제인에 의해 작성된 것은 분명하다.

*종이나 칼과 같은 금속 및 돌(비석)에 새긴 글자

일본 훈독의 보기

일본어 가운데 한자의 훈독은 격식이 있는 낱말로서 만엽집의 시어로 쓰이고 있습니다. 이들은 대부분 가라어와 대응합니다.

보기①. 雖も - いえども iedomo 音韻倒置 - iemodo

$$\mid \text{m-n}$$

iredo

이래도

이 대응은 'けれど(ke-re-do) - 그래도'와 같습니다.

보기②. 如其 かくのごとく kaku(no)goto(ku) - kakugoto

$$\mid$$
kugoto
$$\mid$$
그 같이

如其谷裳 – かくだにも kakudanimo 는 如其에서 파생되었다.

| i탈락   *「かく」의 변화: kaku〈ikaku〈ikati

이 같 이 도 *「도」는「모」가 된다 mo – do

보기 ③ 如是耳 – かくのみ kakunomi

| m–n 음운도치

그 것 만 이

일본어 「いえども」 「かくだにも」 「かくのみ」 는 고풍스럽고 격조 높은 말이지만 신기하게도 한국어로 고치면 평범한 말이 되고 맙니다. 분명 그 옛날 백제인이나 귀족들 사이에서 사용되었기 때문에 한문의 훈독체는 거의 이러한 흐름 속에서 읽혔던 것입니다. 제2차 세계대전이 끝날 때까지 천황의 문서는 백제어식(훈독)으로 읽었습니다.

明治二十三年十月三十日

御 名 御 璽

漢譯教育勅語

文部省訳

朕惟フニ我カ皇祖皇宗國ヲ肇ムルコト宏遠ニ德ヲ樹ツルコト深厚ナリ我カ臣民克ク忠ニ克ク孝ニ億兆心ヲ一ニシテ世々厥ノ美ヲ濟セルハ此レ我カ國體ノ精華ニシテ教育ノ淵源亦實ニ此ニ存ス爾臣民父母ニ孝ニ兄弟ニ友ニ夫婦相和シ朋友相信シ恭儉己レヲ持シ博愛衆ニ及ホシ學ヲ修メ業ヲ習ヒ以テ智能ヲ啓發シ德器ヲ成就シ進テ公益ヲ廣メ世務ヲ開キ常ニ國憲ヲ重シ國法ニ遵ヒ一旦緩急アレハ義勇公ニ奉シ以テ天壤無窮ノ皇運ヲ扶翼スヘシ是ノ如キハ獨リ朕カ忠良ノ臣民タルノミナラス又以テ爾祖先ノ遺風ヲ顯彰スルニ足ラン斯ノ道ハ實ニ我カ皇祖皇宗ノ遺訓ニシテ子孫臣民ノ俱ニ遵守スヘキ所之ヲ古今ニ通シテ謬ラス之ヲ中外ニ施シテ悖ラス朕爾臣民ト俱ニ拳々服膺シテ咸其德ヲ一ニセンコトヲ庶幾フ

神祇禮祭の詔

推古天皇十五年 春二月九日

朕聞く、
蠢者 我が
皇祖天皇等の世を宰めたまへること、天に蹈り地に踏して敦く神祇を禮ひ、周く山川を祠り、幽に乾坤に通はす。是を以て陰陽開け和ひ造化共に調へり。今朕が世に當りて神祇を祭祀ること豈怠り有らむや。故れ群臣共に為に心を竭して宜しく神祇を拜ひまつるべし。

한문 칙어:순 한문이나 읽을 때는 훈독을 한다.   훈독체

138

왕인에서 기시쓰 슈시(鬼室集斯)까지

『일본서기』에 등장하는 백제부흥운동을 일으킨 기시쓰복신(鬼室福信)(7세기 말)의 아들로 보이는 기시쓰 슈시(鬼室集斯)의 신사는 현존합니다(滋賀県 蒲生郡 小野村). 근세 에도시대에도 고장의 유생은 물론, 많은 교토(京都)와 에도(江戸)유생들이 참배했습니다. 신사를 지키는 마쓰다이라 씨(松平氏)는 "우리 영내에 훌륭한 학자의 유적이 있는 것은 큰 자랑"이라며 신사에서 성대한 제전을 개최하여 많은 유학자들이 기시쓰 슈시를 기념하는 한시나 문장 짓기 대회 등을 열기도 했습니다. 기시쓰 슈시에 대한 일본인들의 마음은 오늘날보다 훨씬 돈독했습니다. 왕인과 기시쓰 슈시의 연대는 약 270년이나 차이가 납니다만 이들의 학문은 면면히 역대의 역사가와 외교관의 학문으로 이어져 내려왔습니다. 더군다나 그 두 석학이 함께 270년의 시차를 두고 당대 일본의 문교책임자가 된 것은 훈독법 등이 백제식으로 일치했기 때문으로 보입니다. 물론 270년 동안 말이 다소 달라진 점도 있을 것입니다만 그 동안에도 많은 백제 문인이 계속해서 일본으로 건너갔으므로 그 전통은 유지되었을 것입니다.

단양리(段楊爾), 아야노 코안모(漢高安茂), 왕유귀(王柳貴), 마정안(馬丁安) 등은 교대로 일본으로 건너갔습니다. 특히 오경박사 단양리는 백제가 가야와 한반도 마한 부근의 고문(己汶) 땅을 둘러싸고 분쟁했을 때 왜왕에게 영유권을 인정받기 위해 보낸 인재이기도 했습니다(『일본서기』). 이렇게까지 백제학자를 중시한 것은 일본의 외교가 그들에게 달려 있었기 때문입니다. 그 외에도 왕진이(王辰爾), 다카무쿠노 구로마로(高向玄理), 소민(僧旻), 미나미후치

쇼안(南淵請安) 등의 쟁쟁한 문인은 일본출생이라고는 하지만 모두 백제계입니다. 새로운 백제식 학문지식을 지닌 7세기 말의 백제에서 온 학자들은 권위가 높았습니다.

왕조체제에 중요한 문서가 중심이 되는 율령제의 정립과 유교적인 교육을 백제가 담당하였으며 한편으로는 주로 국서를 보내는 외교업무를 도맡았기 때문에 중국 왕에게 예를 다함과 동시에 설득력이 있는 문장을 쓰는 등 뛰어난 문장력이 무엇보다 중요했습니다. 이러한 일련의 사실은 일본어가 백제어가 아닌 한 생각할 수 없는 것입니다.

와타나베 쇼이치(渡部昇一) 씨는 애써 백제인을 무시하는 태도로 "기시쓰 슈시가 어떤 사람인지는 모르겠지만 이름으로 보아 백제인일 것이라고 추측하고 있다"고 언급하고 있습니다. 와타나베 씨는 기시쓰 슈시의 이름만을 듣고 그 출전을 읽지는 못한 듯합니다. 『일본서기』권27에는 백제계의 요지신(余自信), 샤다쿠 쇼메이(沙宅昭明)를 법관대보(法官大輔), 기시쓰 슈시를 학식두(學職頭;문교장관), 고소기시(木素貴子)와 오구라이 후쿠류(憶禮福留) 등을 장군으로 임명한다고 기록하고 있습니다. 그들이 조정의 요직에 받아들여진 것은 일본의 한문이 왕인 이래 백제와 같은 것이었으며 언어상으로도 전혀 문제가 되지 않았기 때문이라고 생각합니다. 또한 백제 멸망 후 오우미쵸(近江朝) 시대에는 이미 일본에 상당한 학자가 있었음에도 불구하고 새로 온지 얼마 안 되는 샤다쿠 쇼메이와 도우혼 슈운쇼(答本春初)가 천황(天智)의 태자인 오토모 황태자(大友皇子)의 스승이 되었으며 왕을 위한 학문인 제왕학(帝王学)을 맡았다는 사실이 이를 뒷받침합니다.

일본 최초의 한시집 『가이후소(懷風藻)』에는 황태자 오토모(大友)의 것도 포함되어 있는데 그 서문에는 "텐지(天智) 천황이 즉위하자 '천자의 길'을 밝히고 그 공은 천하에 널리 퍼졌다. 풍속을 아름답게 하고 백성을 깨우치기 위해서는 학문보다 귀한 것은 없다고 하여 학교를 세우고 수재를 모으고 오례(五禮)를 정비하고 모든 법규를 정했다."고 되어 있습니다. 마치 프랑스의 계몽시대 살롱(salon)처럼 왕이 이들에게 음식을 제공하는 등 백제 학자를 중심으로 학문 중심의 담론 기회를 가지게 되어 이 시기에 비로소 학교제도가 정비되었고 백제의 수재들이 크게 학풍을 일으켰습니다. 이 학교의 초대학장은 학식두(學識頭)의 자리에 있던 기시쓰 슈시였음이 틀림 없습니다. 저는 이 무렵(8세기)에 일본의 훈독체가 정착되었고 이들 백제 학자들이 없었던들 『가이후소(懷風藻)』도 없었을 것이라 생각합니다.

III-3. 불교어

천황은 순순히 불교를 받아들일 수 없었다

백제로부터 보내온 것이라면 무엇이든 대환영하던 시절 불교만을 순순히 받아들이지 않은 것은 유별나게 탈이 많던 시절 천황 자신의 종교적인 입장이 난처해졌기 때문입니다. 일본 고대의 호족들은 한국인의 각 성씨가 본관을 갖는 것처럼 소가(蘇我), 다쓰라기(葛城), 고세(巨勢) 씨들은 지금도 지명으로 남아있는 지역을 본관으로 삼고 조상신을 모시고 있었습니다. 그러나 성씨가 없는 천황에게는 물론 본관도 없었습니다. 그리고 천황은 죽으면 곧 자리를 옮기는 '한 천황 당 하나의 궁(一天皇一宮)' 제도가 있었습니다. 천황이 죽으면 부정을 타기 때문에 자리를 옮겨야 한다는 믿음에서 나온 것입니다.

이것은 마한의 소도(蘇塗)와 천군(天君)의 관계와도 같습니다. 마한에는 소도라는 성역이 있었고 그곳에 방울, 북과 같은 여러 무구(巫具)를 갖추고 천군 하나를 뽑아 그곳에서 각 호족의 조상신과는 다른 모두의 공통신, 이를테면 하늘(天)과 같은 것을 모시게 했습니다. 천황 또한 천군과도 같이 각 호족들이 뽑고 궁은 소도와 같은 성역인데 어떻게 그 자리에 외국에서 온 부처를 모실 수 있을까. 천황은 깊은 고민에 빠졌을 것입니다. 실제로 천황의 궁에 부처를 모시게 된 것은 불교가 전래된 이후 100년이 지난 639년의 일이며 조메이(舒明) 왕이 백제대사(百濟大寺)를 세우고 그것을 궁으로 삼은 후의 일입니다.

고대 일본 호족에는 오미(臣) 파와 무라지(連) 파의 두 파가 있었는데, 무라지는 본관이 없었습니다. 오미(臣) 가문에서는 소가(蘇我)·가쓰라기(葛城) 씨와 같이 본관을 가지고 왕비를 배출할 수 있었습니다. 모노노베(物部)*는 무라지였고 본관은 없는 씨족으로써 그 대신 군대를 갖고 천황을 모시는 입장이며 천황의 제사를 도왔으므로 천황과 같은 신을 모시고 있었습니다. 천황은 모노노베를 시켜서 부처를 모시는 것을 반대한 것입니다.

오미(臣)는 오매로 통하는데 아마도 천황의 어머니(오매) 가문임을 뜻한 것으로 생각됩니다. 무라지=무라+지, '무라' 는 천황의 뒤를 무리지어 따르는 무리, '지' 는 치(사람)로 오미와 무라는 같은 호족이면서도 '오미' 는 격이 위이고 대신 무라지는 군대를 지휘하는 실력이 있었습니다. 고구려에는 우가(牛加), 저가(豬加) 등 5개의 가문이 있었는데 이들 가운데 으뜸 가문 우가(牛加)가 소가였던 것으로 보입니다. 소가 씨는 분명히 백제 출신인데 백제·고구려의 귀족어는 같았으므로 소가(蘇我)는 우가(牛加)와도 같은 계통인 것입니다.

538년에 백제의 성명왕(聖明王)이 처음으로 일본에 불상과 경전을 전했습니다. 일본에 불상이 전해졌을 때 왜 조정에서는 불교를 받아들이는 데에 찬성파와 반대파 간에 다툼이 일어난 것은 당연했습니다. '부처는 어마어마한 힘이 있어 반대하면 벌이 내린다', 혹은 '새로운 종교가 들어오면 원래 있던 신이 노하기 때문에 그것이 더 무섭다' 고 하는 자들도 있었습니다만 이것은 단지 표면상의 이유에 지나지 않았습니다. 실상은 「国津神(토착신)」 을 모시

ku-ni-tsu-ka-mi

*모노노베(物部)의 유래
모노 ~ 모모 ~ 몬 ~ 온(百)
일본어 '모노노후(武士)'를 뜻했으며 '온(百)' 은 많은 병사를 의미한다.

아스카 대불:백제계 2세 지리불사(止利佛師)에 의해 만들어짐 (아스카)

는 신라파 모노노베씨 (物部氏)와 「天津神(외래의 신)」을 모시는 백제파 소가씨 (蘇我氏)와의 싸움이었습니다. 그 가운데에 선 천황의 입장은 모호했으나 결국 실력자의 편을 든 것입니다. 그러나 결국 소가 씨가 승리함으로써 불교는 공인됩니다.

부처와 「ほとけ」

불교는 절과 부처가 중심입니다. 예전에는 '조선'을 '됴선'이라고 썼던 것처럼 'ㅈ'과 'ㄷ'은 쉽게 바뀌는 음입니다. 따라서 당연히 절을 뜻하는 일본어 「てら(寺)」 역시 한국어 '절'과 같은 말입니다.

절 choru – tera てら(寺)

그러면 이제 우리들의 관심사는 부처를 뜻하는 일본어 「ほとけ」의 어원입니다. 언뜻 보기에는 백제어 '부처'와 「ほとけ」는 아무 관련이 없어 보입니다. 일본의 불교학자들은 이것이 '번뇌를 풀다'의 '풀다(ほどく)'에서 온 것이라고 하고 있습니다만 제 생각에는 중국어 '불다(仏陀)'에서 '부처'가 되었듯이 「ほとけ」 역시 우리말 '부처'에서 파생되었다고 봅니다.

처음에는 '불(佛)'을 오음(吳音)으로 「ほち」라 읽었을 것입니다. 그러나 그러던 중에 말도 안 되는 일이 일어나고 말았습니다. 여성의 음부 '보지'와 「ほと」의 발음이 같았기 때문입니다. 엄숙한 부처의 이야기를 하고 있는 도중에 사람들이 웃음을 터뜨려서 곤란해진 스님들은 어떻게 해서든 다른 말로 대신할 수 없을지 고민했습니다. 그리하여 어미에 'け'를 붙여 「ほとけ」로 만들게 되었습니다. 그러면 'け'는 어디에서 온 것일까요?

「ほとけ」의 'け'에는 2가지 뜻이 있습니다. 하나는 물건의 뒤에 붙이는 접미어입니다.

한국어	일본어
지우(다)+ 개 = 지우개	chi-i-sa-i mo-no 小さい+もの(작은 것) – ちっぽけ chi-tsu-po-ke
부침+ 개 = 부침개	a-ma-ri mo-no *あまり+もの(남은 것) – おまけ o-ma-ke
베(다)+ 개 = 베개	chi-i-sa-na-ta ha-ta-ke * 小さな田(작은 밭) – はたけ

일본에서는 「け」가 또 다른 뜻으로 '눈에 보이지 않는 것', '정령'이라는 의미도 있습니다. 한국에서도 유명한 미야자키 하야오(宮崎駿)의 애니메이션 「もののけひめ(원령공주)」도 예외는 아닙니다.

'보제'가 '보리'가 된 까닭

이와 같은 난처한 이야기가 한국에도 있습니다. 석가모니는 오랜 기간 보리수(菩提樹) 밑에서 명상을 하여 깨달음을 얻었다고 합니다만 불교어에는 '菩提'라는 단어가 자주 등장합니다. '菩提'를 한자음 그대로 읽으면 '보제'인데 이것은 '보지'와 발음이 비슷하고 더군다나 한국어에서는 원칙적으로 한자는 하나의 음으로만 읽기 때문에 난감해지고 만 것입니다. 이 말을 들은 한국의 선남선녀들 역시 근엄한 설교 중에 킥킥 웃음소리를 냈습니다. 지혜 깊은 스님과 지식 있는 국어학자들이 의논하여 '菩提'를 예외적으로 '보리'라 읽기로 정했습니다.

일본에서는 전국적으로 골짜기가 있는 지형에 「ほと」가 붙은 지명이 흩어져 있습니다. 요코하마(横浜) 중앙부의 「保土が谷」도 그중 하나입니다. 신라의 수도 경주 근처에도 이와 같은 것이 있습니다. 철도가 그 근처를 지나기 때문에 그 멋진 지형을 지금도 볼 수 있습니다. 그곳은 옛날에 과거시험을 보러 가기 위해 상경하는

경주 서생들의 가도였습니다만 그 지형을 본 사람은 과거에 합격하지 못한다고 하여 모두 눈을 감고 걸었다는 말이 있습니다. 그러나 그들도 남자이기 때문에 저도 모르는 새에 옆 눈으로 보기 때문에 그 지방 출신에는 과거합격자가 적다고 여겨지고 있습니다.

한편 신라의 선덕여왕은 지혜가 깊고 남녀의 오묘한 이치에 통달했던 여왕이었습니다. 어느 날 적이 침입하여 하필이면 그곳 음곡(陰谷)에 잠복했습니다. 여왕은 주위의 반대를 무릅쓰고 군대를 급파하여 적을 전멸시킵니다. 그런 무리한 작전이 성공한다는 확신을 가진 이유는 무엇이냐는 물음에 여왕의 답은 이러했습니다. "병(兵)이라는 글자를 잘 보면 양경의 상징이니라. 그것이 음곡(陰谷)에 들어가면 반드시 시들어서 나오기 마련이다." 과연, 신하들은 모두 고개를 끄덕였다고 합니다.

불교는 백제인이 보급시켰다

오늘날 일본학계에서는 처음 불교가 전해진 연도를 538년으로 보고 있습니다. 일본 아스카에 있는 최초의 절 호꼬지연기(法興寺緣起)의 기록에 538년에 백제 성왕(聖王)이 경전과 불상을 보냈다고 되어있는 것을 근거로 한 것입니다. 이때는 이미 아직기 · 왕인으로부터 약 140년 지난 시기였으므로 만엽문자(백제이두)는 충분히 보급되었을 것이며 경전 또한 왕인(王仁)이 논어를 가르친 것과 마찬가지로 백제어로 읽었을 것입니다.

오늘날 일본에서는 불교라 하면 금새 장례식이 연상됩니다. 근세의 도쿠가와막부(德川幕府)가 기독교 탄압을 위해 절에 호적업무와 장례식을 도맡겼기 때문입니다. 그러나 처음 불교가 일본에 들어올 당시에는 화려한 종합문화로 음악, 무도, 의상, 철학, 미술, 건축 등의 정수가 포함되어 있었습니다.

　　호꼬지(飛鳥寺, 元興寺 라고도 함)는 일본 최초의 사찰입니다. 최근 부여의 왕흥사 발굴조사에서 밝혀진 사실은 이 절이 일탑삼금당(一塔三金堂) 형식으로 호꼬지의 구도와 같으며 그곳에서 출토된 공예품까지도 호꼬지의 것과 같다는 것입니다. 백제는 왕흥사가 준공된 577년 직후 왕흥사를 지은 기술자들을 왜로 보내어 10년 뒤인 588년 호꼬지를 준공합니다. 그 낙성식에서는 천황 이하 모든 참석자가 백제 관복을 입었다고 합니다.　호꼬지는 고구려 출신이자 후에 쇼토쿠태자(聖德太子)의 브레인이 되기도 했던 혜자(慧慈)나 백제의 승려 혜총(慧聰)이 있었습니다. 당시 그 지역 주민의 대부분은 백제에서 온 사람들이었습니다. 물론 불교지도자도 주로 백제인이었습니다. 고구려의 승려도 있었습니다만 그들의 말은 거의 같았습니다.

　　또한 일본에서는 승려와 비구니들을 백제로 유학 보내기도 했습니다. 그들은 그 당시 일류 문화인으로 귀족을 대상으로 불교의 설화나 철리(哲理) 등에 대해 백제어로 이야기를 주고받았습니다. 아스카(飛鳥)·하쿠호(白鳳) 시대(7~8세기)의 승려는 대부분 백제출신입니다. 그 다음 세대로 넘어가면 교기(行基), 료벤(良辯)이나 천태종(天台宗)의 조사가 된 사이쵸(最澄) 등이 활약합니다만 그들은 모두 백제인의 자손이었습니다. 또한 당나라로 유학을 간 승려들도 마찬가지로 백제에서 건너간 사람들의 자손이었습니다. 과연 그들은 어느 나

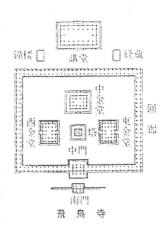

아스카사: 이 구조는 부여 왕흥사와 같은 3당 1탑식이다.

왼쪽은 한국 국립박물관에 있는 금동미륵보살 반가사유상, 오른쪽은 일본 고류지에 있는 목각 미륵보살반가사유상(일본국보 제1호)

라 말을 사용했던 것일까요? 기독교뿐만 아니라 종교는 어느 것이든 말에 의해 교리가 전해지기 때문에 언어가 생명입니다. 일본에 전해진 불교언어는 백제어 이외에는 생각할 수 없습니다.

천황의 휘하에서 백제의 불교는 백제의 담로(아스카)에서 뿌리를 내렸고 백제계의 호족(소가 씨)이 보호하였으며 불전을 백제어로 읽고 백제계 승려들에 의해 전파되어 전국적으로 보급된 것입니다. 호꼬지(法興寺) 건립 이후 36년간 스이코(推古) 32년(624년)에 기내지역 사찰은 46개, 승려와 비구니는 1385명에까지 크게 늘어났습니다. 불경의 첫머리 "나 이와 같이 들었다(여시아문-如是我聞)"는 백제어입니다.

불교어

우리는 한자어 '如是我聞'을 그대로 '여시아문'이라 읽습니다. 일본어도 이와 같이 읽는 다면 'ヨゼグモン'(ko-ze-gu-mon)이 될 것입니다. 그러나 일본에서는 「是の如く我れ聞きたまへき」(ko-no-go-to-ku-wa-re-ki-ki-ta-ma-he-ki)(나 이와 같이 들었다)와 같이 읽습니다.

この kono – kuwa 그와

如く gotoku – gati 같이

我(われ) ware – are 아래 (나) · '나'를 낮게 표현

聞 kiki – ki 귀

たま(へ) tama – 옥(玉)과 같이 귀한 말을 담(다)

① この(ko-no) ごとく(go-to-ku) われ(wa-re) きき(ki-ki) たまへき(ta-ma-he-ki)(현재 일본어의 훈독)

② 그와   같이   나   귀   담(다) (현재 한국어)

'たまへき'(ta-ma-he-ki)는 일본에서는 구슬(玉), 주다(給), 귀한 분이 내려주신다(賜) 등의 뜻을 지닙니다만 한국어로는 '귀에 담다'라는 뜻입니다. 그 당시의 백제식으로 읽는 방법은 ②보다 ①에 가까웠다고 생각됩니다. 이러한 점에서도 당시의 백제어는 오늘날의 일본어와 크게 다르지 않았음을 알 수 있습니다. 즉 오늘날에도 일본어는 한국어와는 달리 그 옛날의 백제어에서 크게 변하지는 않은 것입니다. 결국 백제어로 새겨 읽는 것이 일본 한자의 훈독인데 불경도 마찬가지로 그런 식으로 읽었습니다.

한자로 씌어진 불경을 음으로 읽을 때는 남조(南朝)의 오음(吳音)으로 읽었습니다. 의학 또한 거의 같은 시기에 백제가 전한 것이므로 의학용어는 오음으로 받아들여 지금까지도 여전히 백제식입

니다.

(예) 「外科(외과)」 「小児科(소아과)」는 당음으로 읽으면 「がい^{ga-i}か」 「しょうじか」^{ka syo-u-ji-ka} 이지만 일반적으로 「げか」^{ge-ka} 「しょうにか」^{syo-u-ni-ka} 와 같이 오음으로 읽습니다.

한편 8세기에 당나라에 간 일본의 견당사는 오음이 표준어가 아님을 알고 당음(또는 당·송음)으로 바꾸고자 하였습니다. 그러나 오음은 여전히 그 후에도 남아 있었고 메이지 유신(1868년) 이후 정부는 적극적으로 일본식 당음을 사용할 것을 장려하여 현재는 당·송음이 주류가 되었습니다. 뒤늦게 전해진 당음은 견당사 등에 의해 조직·체계적으로 수용되었기 때문에 비교적 신라가 받아들인 당음인 한국의 한자음과도 비슷한 점이 많습니다.

III-4. 방언

교토어는 백제어, 도쿄어는 신라어와 통한다

방언에는 오랜 낱말들이 화석처럼 남아있습니다. 이 때문에 언어를 비교하는데 표준어보다 방언이 중요할 때가 많습니다. 일본에는 "あずま言葉は鳥のこえ(아즈마*(あずま-간토지방) 말은 새 소리)" 라는 말이 있습니다. 여기서 말하는 새소리란 '꾀꼴꾀꼴' 하는 낭랑한 소리를 가리키는 것이 아니라 '갸, 교, 케케' 와 같은 까마귀 소리에 가까운 탁음이 많은 것을 가리키고 있는 것 같습니다.

경상도나 함경도, 동해안 일대의 말도 열도의 간토지방의 말과 같은 느낌입니다. 동국, 즉 간토(関東 : 도쿄) 지방에 신라계가 많았기 때문일 것입니다. 반면 교토(京都)를 중심으로 하는 기내(畿内) 방언의 억양은 유음(流音)(ryu, nyu)이 많고 분명 그 옛날 백제어, 한반도의 서남해안 지역의 방언과 통하는 데가 있습니다. 충청도 사투리(백제어)의 특성은 유음이 많은 것이라 할 수 있습니다. 역에서 작별인사를 하는데 "잘 가시유~" 하니 기차는 이미 다음 정거장에 도착했었다는 농담이 있습니다. 『만엽집』의 백제시인의 시가는 「しのばゆ^{si-no-ba-yu}」 와 같이 「생각나유」 를 뜻하는데 어미에 '유(ゆ)' 가 붙는 것이 똑같습니다.

도쿄(東京)와 오사카(大阪)에는 각각 '日本橋' 라는 곳이 있습니다. 그러나 도쿄에서는 「にほんばし^{ni-hon-ba-si}」 라고 읽고 오사카에서는 「にっぽんばし^{ni tsu-pon-ba-si}」 라 읽습니다. 한편 「谷」 을 「たに^{ta-ni}」 라고 읽는 것은 분

니혼바시

명히 백제계입니다. 관서(關西:교토·오사카)에서는 「谷町(たにまち)」라 하지만 신라계의 영향을 받은 간토에서는 「渋谷(しぶや)」, 「熊谷(くまがや)」와 같이 「や」로 읽습니다. 관서 시마네현의 「熊谷」는 「くまたに」로 교토나 오사카 부근의 지명은 같은 한자인데도 간토와 다릅니다.

　도쿄 말은 「かった(샀다), はらった(지불했다), わらった(웃었다)」 등 촉음(促音)이 많아 어투가 거센 부산 부근의 말과 비슷합니다. 한편 교토 말은 「かうた(샀다), はらうた(지불했다), わらうた(웃었다)」 등 「う」를 넣기 때문에 유음이 되어 구수한 충청도나 전라도 말에 가깝다는 인상을 받습니다. 굳이 따지자면 기내의 말은 백제어로 왠지 모르게 모음이 많고 탁음이나 촉음을 피하는 경향이 느껴집니다.

제가 처음으로 그 차이를 느낀 것은 「おでん(오뎅)」이었습니다. 전후 식량난이 극심했던 시절 오사카의 시장(闇市)에서 먹었던 것이 「かんとうに」였습니다. 그런데 그것이 도쿄에서 먹던 「おでん(오뎅)」과 똑같아서 주인 아주머니께 이건 「おでん」이 아니냐고 되물었습니다. 그랬더니 아주머니는 "おかしなことを言いはる関東煮(이상한 말을 하시네, 이건 かんとうにぢ)"라고 강조하는 것입니다. 「おでん(오뎅)」의 「でん」을 발음하기가 싫었기 때문이었을 것입니다.

방언순위표 이와테현(岩手県):일본은 각 지역마다 방언이 있으며 심한 방언에 순위를 메기고 그것을 자랑스럽게 여긴다.

아즈마

아침은 동쪽에 해가 뜨는 것이므로 동녘을 뜻한다.

아침 achim – azuma あずま

ことば(言葉)=こと(것) + は(가:歯,葉,刀)

ことば: '어떤 것의 가장자리'에 붙은 것

입의 가 – 이빨(歯)

나의 가 – 남의 잎(葉)

칼의 가 – 칼 날(刀)

こえ(声) koe ~ kore 고래, (고래 고래 소리지르다)

기내(畿内), 칸사이(關西), 가미가타(上方)는 모두 같은 지역을 이르는 말인데 시대마다 다르게 불렀다. 여기서는 '기내(畿内)'로 통일한다.

옛 형용구 「枕 詞」(ma-ku-ra-ko-to-ba)와 방언

일본어가 아직 완전히 통일되지 않았던 시대의 시집 『만엽집』 에는 특정 명사의 앞에 붙어서 형용사 역할을 하는 「枕詞(まくらこ とば)」(ma-ku-ra-ko-to-ba)가 많이 있습니다. 백제어로 된 특정 명사를 신라어로 설명 하기 위한 과정에서 생긴 듯합니다. 앞서 와다쓰미(わだつみ)가 '신 라어 바다 + 백제어 여미' 라고 설명했습니다. 그러나 100년 후(9세 기)에 나온 시집 『고금집』에는 「枕詞(まくらことば)」(ma-ku-ra-ko-to-ba)는 급격하게 줄 어드는데 이 시대에는 일본어가 거의 통일되어 별도의 설명이 필요 하지 않게 되었기 때문입니다.

예1 : 「拷角の新羅…(万460)」

여기서 「拷角(たくつの)」(ma-ku-tsu-no)의 「たく」(ta-ku)는 그대로 신라어 '닭' 에 대 응합니다. 또한 「つの」(tsu-no)는 신라어 '뿔' 이 변하여 '벌(原)' 이 되었고 이것은 '林' 을 뜻합니다.

뿔 buru - boru - hara はら 原, 林

즉, 「たくつの」(ta-ku-tsu-no)는 신라의 또 다른 이름인 '계림' 을 가리키는 것입니다. 이러한 「枕詞(まくらことば)」(ma-ku-ra-ko-to-ba)를 사용한 이중표현은 한 자 「天」 을 '하늘 천' 과 같이 읽는 것과 같습니다. 공식적으로는 '신 라' 라고 했지만 일반적으로는 '닭뿔' 이라 하며 그것을 「たくつの新 羅(닭벌 신라)」(ta-ku-tsu-no)라 표현한 것입니다. 처음에는 이렇게 시작된 「枕詞 (まくらことば)」(ma-ku-ra-ko-to-ba)도 시간이 지나면서 점차 형식적인 형용사가 되어 갔습니다.

예2 : 「垂乳根の母 … (万443)」(ta-ra-chi-ne-no-ha-ha)

어머니를 뜻하는 일본어 「はは(母)」(ha-ha)는 「かか」(ka-ka)가 변화한 것입 니다.

154

かか kaka – haha はは

k–h

지금도 그렇습니다만 일본어에는 어머니를 뜻하는 말이 「はは(母)」 이외에도 매우 많았습니다. 현 일본 사전에서는 「垂乳根(たらちね)」를 대부분 '젖을 늘어뜨린 여자' 로 풀이하고 있습니다. 그러나 시를 짓는 나이에 엄마의 젖을 생각하지는 않았을 것이며 이 말은 때로 아버지를 꾸미는 말로 쓰이기도 했기 때문에 원래는 「乳」와 직접적인 관련은 없었을 것입니다. 그렇다면 '등을 부드럽게 어루만지다, 아이를 귀여워하다' 는 뜻의 「다독이다」와 관계가 있는 것으로 생각할 수 있습니다.

다독이(다) tadoki – tarachi たらち

· d–r, ki–chi로 변하기 쉽습니다.

「ね」 는 가라어 '엄메(母)' 의 '메' 로 「たらちねの母」 는 '다독이는 어머니' '자애로운 어머니' 라는 뜻이 됩니다. 다시 한번 말하자면 「枕詞(まくらことば)」 는 '역전 앞' , '바다 여미' 와 같이 같은 뜻을 반복하는 시어인 것입니다.

「枕詞(まくらことば)」에 대해서는 다른 기회에 다시 글을 쓸 생각입니다만 이와 같은 예로 미루어보아 만엽시대에는 많은 방언이 융합되는 과정에 있었으며 그 방언들은 점점 소실되어 아직까지도 풀이되지 않는 말이 많이 남아있음을 알 수 있습니다. 오늘날에는 남아있지 않은 옛 한 · 일 공통어가 얼마나 많이 있었을지 상상하는 것은 어렵지 않습니다.

백제어 방언

한반도의 삼국시대, 즉 3~7세기 경 중국은 남·북조 시대였고 남조와 북조의 말은 달랐습니다. 북조는 북방계 정복왕조이며 한(漢)족에는 이민족 국가였습니다. 중국의 저명한 문학자 린위탕(林語堂, 1895~1976)의 책에는 중국 남부 출신 장교가 북부 군대에서 구령을 붙이자 병사들에게는 그것이 노래처럼 들려 저도 모르게 웃게 되는 바람에 제대로 훈련할 수 없었다는 이야기가 있습니다.

한반도에서도 지역에 따라 말이 조금씩 다릅니다. 백제와 마찬가지로 지금의 충청남도와 전라도의 말은 경상도 말에 비해 부드럽습니다. 백제 멸망 이후 백제계가 주로 일본열도의 서녘 기내지역에 정착하면서 신라계는 밀려 동국지역으로 이주하였습니다. 이 때문에 백제어의 영향을 많이 받은 기내(교토중심지역)는 동국(도쿄중심지역)에 비해 부드럽습니다. 일본의 만담가(hanasika:噺家)에는 간사이 출신이 많아 '오사카 만담' 이라는 말이 있을 정도입니다. 간사이 사투리는 도쿄 사람이 들으면 나긋나긋해서 농담이 아니어도 자연스레 웃음이 새어나옵니다.

「ました, ます, もうし(~했습니다, ~합니다)」 구어는 문어보다 먼저 통용됩니다. 가령 일본어의 경우 동사나 조동사의 연용형에 「ます(~니다)」를 붙여 「~します(합니다)」 혹은 「であります(입니다)」를 만들어내는데 근본은 같습니다.

예: 行く(가다) – 行きます(갑니다)

일본 학계에서는 「ます」는 중세의 「参らする」이며 「まいらする → まらする → まっする → ます」로 변화를 거듭하여 오늘날에 이르렀다고 하는 것이 통설입니다. (大野晋『일본어의 연륜』) 그러나 필자는 오히려 「ます(ma-su)」 는 그 옛날 백제의 땅 전라도 방언의 「ま(ma)し(si)」 와 관련성이 있다고 느낍니다. 전라도 말로는 '말' 을 동사화하여 '마시' 라고 하는데 '집에 간다 마시', '밥 먹었다 마시' 와 같이 흔히 쓰는 말투입니다. 그것이 일본어로 '말하다' 라는 뜻의 「申し(mo-u-si)(ま(ma)し(si)ませ(ma-se))」 가 되었다고 봅니다.

다음 장의 말미어(r,l)에 대한 항에서 자세하게 설명하겠습니다만 r,l에 의한 음절은 일본어에서는 거의 모든 음으로 자유롭게 변할 수 있습니다. 말(maru)의 'ru' 가 'su, si, se' 가 되어 「ませ(ma-se), ま(ma)し(si)」 가 되는 것입니다.

masi – masu ます(ま(ma-se)せ, ま(ma-si)し)

私が申します(wa-ta-si-ga-mou-si-ma-su)。제가 말하다

ごめん下さいませ(go - men -ku-da-sa - i - ma - se)。실례 함세(~ㅁ세, ~ませ)

ごめん下さいまし(go - men -ku-da-sa - i - ma - si)。실례 한다 마시, 이것은 전라도말 그대로 입니다.

중세 일본 상류사회의 말에는 끝에 「候(so-ro-u)」 라는 것을 붙였습니다.

밥을 먹었다마시 → 飯(めし)を食べたと(me - si wo-ta- be - ta-to) 申(もう)す(mo u su)

밥을 먹었서라우 → 飯(めし)を食べ(me - si -wo-ta- be) 候(そろう)(so-ro- u)

그후 '서라우 · 스라우(候)' 는 「そうろう(so-ro-u)」 가 되었고 그것이 오늘날에는 「そうです(so - u - de-su)」 가 되었습니다.

①~서라우: 재미있는 것은 '마시, 마세' 는 다소 거친 말투이지만 이것이 일본어 「申しもうし(mou-si-mo-u- si)(ませ(ma-se), ま(ma-si)し)」, 「候(so-ro-u)」 가 되면 격식있는 말투가 되어 귀족이나 신분이 높은 무사들이 사용했고 지금도 격식을 차린 편지에서 쓰이고 있습니다.

②~당께: 한편 전라도 말 '~당께' 는 일본어 「だっけ(da -tsu-ke)」 와 대응

됩니다.

그렇당께 → そうだっけ

이 '~당께' 는 오래 전 동국 일대에서 사용되었던 방언의 어미
「だんべ」와 같이 촌스러운 느낌이 납니다.

당께 danke – datsuke だっけ
       | k-b
   danbe (だんべ)

마찬가지로 전라도의 '~께로' 또한 일본어 방언의 어미 「けり」
와 대응되며 둘 다 말이나 문장의 끝에 붙입니다. 즉 「けりを付ける
(끝장을 내다)」라는 뜻의 일본어는 문장의 끝에 「けり」를 붙인다
는 것입니다.

돈도 힘도 없당께로 → 金も 力も 無 かりけり°
世の中は空(むな)しきものと知る時しいよますます悲かなしか
りけり°(万葉集七九三)

특히 매끄러운 교토 말은 전라도 말을 연상시킵니다. 예를 들
어 전라도말 '오지다' 는 "매우 만족했다"고 하는 의미로 고맙다는
뜻의 교토 말 「おおきに」로 들릴 때가 있습니다.

오지다 – おおきに

일본 방언의 다양성

①すっかり(~수라):일본 방언의 다양성을 보여주는 속담으로
'京へ九州(筑紫)に関東(阪東)さ' 라는 것이 있습니다.

요컨대 '교토(京都)해(へ) 간다. 규슈(九州)니(に) 간다. 간토(関
東)사(さ) 간다.' 와 같이 '~에 간다' 라는 조사가 지방마다 「へ、に、

「さ」^{sa}로 각각 다르다는 것입니다. 한국어는 '에' 하나인데 비해 일본은 다양합니다. 한국어 '에'는 교토의 「へ」^{he}에 가깝고 이 속담에 한국어를 넣고 말하면 '교토해, 서울에, 규슈니, 간토사'가 될 것입니다.

이와 같이 일본 전국에 걸쳐 특색있는 방언이 산재한 것은 앞에서도 말했듯이 야요이 이래 한반도 각지에서 건너간 사람들의 서로 다른 방언이 전해졌기 때문입니다. 한반도는 신라통일 이래 중앙집권이 계속되어 방언차가 적어졌습니다만 통일 이전에는 훨씬 심한 차이가 있었던 것으로 생각됩니다.

한·일어의 대응관계에 관한 연구는 대부분 현대의 표준어, 혹은 문헌을 중심으로 하는 것들입니다. 그럼에도 한·일어의 90% 이상의 기초어가 공통조어를 가졌다고 볼 수 있습니다. 만일 모든 방언까지도 조사할 수 있다면 한·일어는 대부분 같은 뿌리를 지니고 있음을 알 수 있을 것입니다. 한반도 최북단 압록강 부근의 방언 '수다'가 표준일본어 「すっかり」^{su-tsu-ka-ri} 보다 규슈 최남단의 「すったい」^{su-tsu-ta-i} 에 가깝다는 것은 정말로 신기한 일이 아닐 수 없습니다(すったい^{su-tsu-ta-i} → すたい^{su-ta-i} → 수다).

교토말을 하나 소개하겠습니다.

교토어:「あほちゃいまんねん, パーでんねん^{a-ho-tya-i-man-nen pa den-nen}('あほ^{a-ho}'가 아니라 'パー^{pa}'지)」

도쿄에서 바보는 'ばか^{ba-ka}', 멍청이는 'あほ^{a-ho}'라고 하는 반면 간사이에서는 'あほ^{a-ho}'가 바보이고, 'パー^{pa}'가 멍청이입니다. 그런데 재미있게도 도쿄에서는 'ばか^{ba-ka}(바보)'가 'あほ^{a-ho}(멍청이)'보다 더 심한 말이지만, 기내지방에서는 반대로 'パー^{pa}(멍청이)'가 더 심한 말입니다. 그러므로 기내 사람은 'パー^{pa}'라고 함으로써 험담을 했지만 도쿄사람

의 기준에서는 아리송할 수도 있는 것입니다.

이 말을 들으면 도쿄사람은 과연 자신이 험담을 들은 것인지 조금 생각해야 알 수 있습니다. 이런 경우 도쿄 토박이라면 "なにいっ^{na - ni - i - tsu}てやんでえ^{te - yan - de - e} べらぼうめ^{be - ra - bo - u - me}！てめえのほう(方)^{te - me - e - no - ho - u}こそばかじゃねえか^{ko - so - ba - ka - jya - ne - e - ka}。ふ^{hu}ざける^{za - ke - ru}*んじゃねえぞ^{-n - jya - ne - e - zo}！(뭐라는 거야, 등신아! 네놈이야말로 바보 아냐. 까불지 마!)" 라고 나오겠지요. 이런 도쿄 말에서는 왠지 경상도 말처럼 투박하게 느껴집니다.

저는 가끔 만일 메이지유신(1868년) 직후 천황이 그대로 교토에 머물렀다면 일본은 그 엄청난 대전쟁을 하지 않았을 것이라고 곰곰히 생각할 때가 있습니다. 일본에는 옛날부터 '불과 싸움은 에도(江戸;동경의 옛 이름)' 라는 말이 있는데 거친 말투를 쓰는 동경에 정부가 있음으로써 하지 않아도 좋을 전쟁을 했을 것입니다.

*부잡다 buzabu – fuzake ふざける

도쿄어·교토어의 비교

가라어를 사이에 두고 도쿄어와 교토어를 비교해 봅시다.

도쿄어	いる^{i - ru}	つかれる^{tsu - ka - re - ru}	あたま^{a - ta - ma}	ばか^{ba - ka}	ありがとうございます^{a - ri - ga - to - u - go - za - i - ma - su}
가라어	있다	힘들(다)	머리	바보	고맙습니다
교토어	いはる^{i - ha - ru}	しんどい^{sin - do - i}	おつむ^{o - tsu - mu}	あほ^{a - ho}	おおきに^{o - o - ki - ni}

힘들(다) himudoru – hindoi – shindoi しんどい

도쿄어	する^{su - ru}	名詞+する^{su - ru}	した^{si - ta}	しよ/せよ^{si - yo se - yo}	しろ^{si - ro}
가라어	하다	名詞+할	했다	하시오	해라
교토어	はる^{ha - ru}	しはる^{si - ha - ru}	しはった^{si - ha - tsu - ta}	よ^{yo}	はれ^{ha - re}

가라어와 도쿄말을 비교해 보면 가라어 앞머리의 「h」가 도쿄말 「s」에 대응하고 있음을 알 수 있습니다. 실제로 도쿄 토박이는 「ひ(hi)」와 「し(si)」를 구별하지 못하는 것으로 알려져 있습니다.

'하시오, 하세요'는 그대로 도쿄어 「し よ, せ よ」에 대응하고 있다.

si - ha - ru しはる	할	가라어
	si - ha - ru しはる	교토어
	する	도쿄어

교토어는 「s」와 「h」를 겹치고 「しはる」인데 한국어 '할'과 도쿄어 'する'로 나뉘어져 있습니다. '하다'의 일본어는 한자로 「する-為る, しる-仕る」이며 '為, 仕'는 일본식 한자어(為て字)입니다. 히로시마(広島) 사람은 상대방이 도쿄토박이인지를 「ヒ ロ シ マ」라 하는지 「シ ロ シ マ」라 하는지 듣고 구별한다고 합니다.

가고시마는 남방계, 야마구치는 북방계

한국인에게 가고시마(鹿児島)와 야마구치(山口)는 악연이 겹치는 지역입니다.

2004년 한·일정상회담 장소가 가고시마(鹿児島)로 정해지자 청와대 내에서는 정한론자(征韓論者) 사이고(西郷)의 출신지라고 하여 반대하는 목소리가 있었습니다. 헤프닝으로 끝났습니다만 아마도 그들은 정한론의 실체를 잘 몰랐던 것 같습니다. 사이고(西郷)의 정한론을 반대한 것은 아이러니컬하게도 조선 식민지화의 실제 책임자였던 이토 히로부미(伊藤博文) 일파였습니다. 한국에는 '때리는 시어머니 보다 말리는 시누이가 더 밉다'는 속담이 있습니다만

이토 히로부미(伊藤博文)

정작 한국사람들이 미워하고 있는 것은 식민지화를 말린 쪽인 '야마구치', 즉 조슈파(長州派)였던 것입니다.

사이고의 얼굴 생김새는 제주도의 돌하루방과 꼭 닮은 전형적인 남방계입니다. 재미있는* 우스갯소리로 사이고는 메이지유신을 반대하는 서남전쟁에서 패하여 하와이로 도피했고 유명한 씨름선수 아케보노(曙)가 그 자손이라는 이야기를 들은 적이 있습니다. 그를 닮은 돌하루방이 많은 제주도에 망명했다고 했더라면 더욱 부풀려진 재미있는 이야기가 되었을 것입니다. 한편 이토 히로부미는 한반도 중부에 많은 얼굴형입니다. 19세기 말 일본 의학계에 크게 기여한 벨츠(E. Baelz)는 "일본인 얼굴에는 야마구치(山口) 형과 가고시마(鹿児島) 형이 있으며 야마구치 형은 북방계이고 가고시마 형은 남방계이다" 라고 지적했습니다. 이와 비슷한 현상은 한반도에서도 볼 수 있는데 제주도나 서남 해안 지역은 남방계로 북쪽으로 갈 수록 북방계가 많아지는 경향이 있습니다.

대륙에서 한반도를 향한 민족이동의 흐름에서 보면 가고시마는 그 종착지 중 하나이기도 했습니다. 더 이상 갈 곳이 없어진 시점에서 그 일부가 가야계인 진무(神武)의 동정(東征)을 결행했습니다.

표준어	ka-go-si-ma かごしま	ku-gi くぎ	ku-bi くび
가고시마어	ka-gon-ma かごんま	ku-tsu くっ	ku-tsu くつ

언어나 얼굴 생김새로 보면 아마도 가고시마인은 조몬(繩文)인이 아니라 야요이 초기 사람들, 즉 가야계의 자손이 아니었는가 하는 생각이 듭니다.

*멋 mot - mosi - o+mosi おもし(おもしろい-재미있다) o-mo-si
재미있다는 뜻의 일본어 「おもしろい」 o-mo-si-ro-i 는 「겐지이야기(源氏物語)」 등 고전문학에도 등장하는 오래된 말로 '즐거운 풍경 등을 보고 마음이 활짝 열린다' 는 뜻이라고 되어 있다(이와나미 고어사전). 신라시대의 문인 최치원(崔致遠)과 같은 유형의 모토오리 노리나가(本居宣長-일본의 국수주의 국학자)는 일본의 기본정신은 '멋' 이라 하고 있다. 풍류와 멋은 같은 뜻이다. '해동(한반도)의 기본정신, 즉 가라정신은 풍류(멋을 즐기는 것)' 라고 갈파하였다. 가라정신은 「멋」, 야마토 정신은 「おもし(즐거움)」 o-mo-si 이라고나 할까.

가고시마 방언

　가라어 '것'은 가고시마에서도 똑같이 「こっ」라고 합니다. 무
엇보다도 가라어 '두꺼비'가 가고시마에서도 「トッコビ」라 불리
고 있는 것에는 정말 놀랐습니다. 또 최근 TV 시대극에서 가고시마
사람이 "んにゃ" 하는 장면이 있었는데 그것이 마침 '아니야'로 들
려서 한국 시대극인 줄 착각한 적이 있습니다. 가라어 '아니야'가
가고시마에서는 「aniya → unnya んにゃ」가 되어 마찬가지로 부
정의 의미를 지니는 것입니다.

　가고시마 방언의 전형으로 자주 등장하는 것이 「いっぺ ごっぺ
さる もして すたいたれもした」입니다만 이것은 우리말로 하면
"이곳 저곳 싸다니고 숫제 고달프다"라는 뜻입니다. 이 문장에 있
는 각 단어를 비교해 보겠습니다.

가고시마	가라어	도쿄
いっぺ	이곳	ここ
ごっぺ	저곳	あすこ
さる	싸(다니고)	あるき
すったい	숫제, 수다(평양어)	すっかり
たれもした	고달프다	くたびれた

　가고시마어는 도쿄 말보다 오히려 가라어에 가깝다는 느낌이
듭니다. 이것은 저 뿐만이 아니라 흔히 가고시마 사람들끼리 나누
는 대화를 들으면 한국어로 착각할 때가 있다고들 합니다. 가고시
마 출신의 저명한 학자 가이온지 쵸고로(海音寺 潮五郎)씨의 일화
도 있습니다. 전철에서 가고시마 말로 이야기를 나누는 사람들이
있길래 그리운 마음에 다가가니 뜻밖에도 한국사람이었다는 것입

니다.

이와 같이 한·일어 사이에는 다양한 방언이 있습니다. 그러나 한결같이 문법은 같습니다. 방언이란 '문법은 같고 낱말이 다른 것'이라고 할 수 있을 것입니다.

~했당께

한반도의 전라도어는 한 지역에서만 쓰였지만 백제인은 동국, 교토, 규슈 등 일본열도 전역에 흩어졌고 백제어의 흔적이 남아있습니다. 일본에서는 나가사키의 방언에 붙는 어미 「ばってん」 이 유명한데 그 넓은 일본에서도 오직 이 지역에서만 이 말을 씁니다. 일본인들은 이것이 중국어의 영향을 받아 생긴 말로 보고 있습니다만 저는 그것이 아니라 전라도(백제)어일 것으로 생각하고 있습니다. 아마도 백제 멸망 후 수많은 백제인이 금강 하구에서 배로 직접 이 지역에 당도했을 것입니다.

지금도 전라도에서는 '~했당(께도)'를 어미에 붙입니다.

했당(께도) hatsutan - batsuten ばってん

h - b

이처럼 일본 전국에 걸쳐 산재한 특색 있는 방언은 조몬어가 아니라 야요이 이래 한반도 각지에서 다양한 방언을 지닌 사람들이 열도에 퍼지면서 함께 전해진 말입니다.

164

「데이」 와 「でい」

'공부하고 싶다' 의 '~싶다' 는 일본어 「~たい」 입니다만 경상도어 '~싶데이' 는 에도방언 「~シティ」 와 가깝다.

이에 관한 우스갯소리가 있다.

김영삼 전 한국 대통령은 경상도 사투리를 썼다. 워싱턴에서 열린 정상회담에 참가한 한·미·일 정상은 어느 날 회의장으로 가는 버스를 함께 기다리게 되었다. 기다리던 버스가 오자 그것을 보고,

김영삼: 왔데이.

옆에 있던 클린턴 전 미국대통령은 그것을 'What day' 로 듣고 이렇게 답했다.

클린턴 : Monday.

이것을 '뭔데이' 로 들은 김영삼 전 대통령은 다시 이렇게 대답했다.

김영삼: 버스데이.

그러자 클린턴은 'Birthday?' 하며 크게 웃었습니다. 또 그 옆에 있던 일본의 하시모토 전 수상은 두 사람이 웃는 것을 보고 이랬다고 한다.

하시모토 : 何でい!

일본어 「何だい」 는 '뭐야' 라는 뜻인데 이것의 방언 「何でい」 가 다시 '뭔데이' 와 발음이 비슷했으므로 셋은 또 한차례 웃었다고 한다.

이 이야기는 아마 입담 좋은 어느 신문기자가 만들어낸 이야기로 보인다만 참으로 절묘한 대응이다.

III-5. 한·일 문법

일본은 문법 면으로도 정복국가였다

기마민족 정복왕조설의 등장은 전후의 일로 그 이전까지 일본인 학자들에게는 '일본열도가 한반도인에게 정복당했다' 는 것은 도저히 생각할 수 없는 일이었습니다. "본래부터 신의 자손이 통치해 온 나라인데 어찌 정복당할 수 있었겠느냐."

신무라 이즈루(新村出) 교수는 저서 『일본의 말(日本の言葉)』에서 한·일 문법에 관해 다음과 같은 주지의 말을 했습니다.

"센묘(宣命— 고대의 천황 법령문)에 종종 등장하는 주격조사 '이(伊)' 가 있는데 이는 오늘날의 일본어 「が 또는 は(이·가)」에 해당하는 것이다. 유명한 유게노 도쿄(弓削道鏡)나 백제왕족 경복(敬福) 등이 '무엇이 무엇을 했다' 고 할 때에는 「道鏡伊」 「敬福伊」와 같이 했다. 현 일본어에서 이(伊)는 사용하지 않지만 한국어에서는 고대 이래 지금까지도 계속 쓰이고 있다.

이러한 문법상의 주격을 나타내는 중요한 조사가 외래어(가라어)의 영향을 받았다는 것은 완전히 정복당했을 경우 이외에는 있을 수 없는 일이다. 이 「伊」는 문화나 언어의 유입에 따른 것이 아니라 한·일어가 역사 이전에 가장 밀접한 관계에 있었으므로 원래 공통으로 가지고 있던 조사였다. 한·일어가 분리된 이후 일본에서는 어느 시기까지 사용되어 보존되었으며 한반도에서는 한반도대로 그것을 후대에 물려왔다. 오늘날 한·일어는 그것들을 서로 다른 형태로

지니고 있다고 보는 것이 정확하다.

「伊」는 신라계가 많이 살던 관동지역의 『만엽집』의 「동국가」에는 나오지 않으므로 분명히 백제어입니다. 그러나 신무라 교수는 한 · 일어가 역사 이전, 가장 밀접했던 시기란 언제즈음이었는지에 대해서는 분명히 말하지 않고 있습니다. 이 현상을 설명하기 위해서는 노르만 정복 이후의 영어의 변화에 대해 생각해보는 것이 도움이 됩니다. 1066년 이후 300년간 영국의 공식어는 정복자의 말 노르만-프렌치(Norman-French)였고 피정복자의 언어 앵글로-잉글리시(Anglo-English)는 평민의 말이었습니다.

그러나 현대 영어의 문법은 근본적으로 정복당한 자들이 쓰던 것입니다. 요컨대 정복자의 문법은 피정복자의 문법을 정복할 수 없었던 것입니다. 오늘날의 일본어 문법은 백제어의 것인데 피정복민의 언어, 곧 야요이(弥生)계의 것이기도 합니다. 「伊」자가 쓰인

히라가나(平假名)와 가타카나(片假名)의 발달과정

것은 백제어와 야요이어(가야어)의 문법이 거의 같았음을 뜻합니다. 이들 사이에는 어휘상의 차이가 있었으나 문법이 같기 때문에 피정복자의 문법이 쉽게 백제어에 수렴된 것입니다.

　신무라 교수는 '정복당하지 않았다면' 있을 수 없다고 했으나 실제로 일본이 완전히정복 당했기 때문에 그것이 최고권력자(천황)의 말, 즉 센묘체(宣命体)에 등장한 것입니다. 그러나 일본에 정복왕조가 수립된 것은 사실이지만 정복자와 피정복자는 모두 한반도 출신이며 언어적으로는 방언 정도의 차이밖에 없었습니다. 나아가 현 일본어에서는 「伊」 대신에 「が」(이,가) ·は(은,는)」가 사용되고 있습니다만 한국어에서도 '내가 일한다' 와 같은 식으로 '이(伊)' 와는 별도로 '가' 도 쓰입니다. 그것은 '이(伊)' 뒤에 이어지는 단어의 첫 글자가 모음이 되는 경우로 모음충돌을 피하기 위해서일 것입니다. 일본어에는 어두모음화 등 머리글자가 모음이 되는 경우가 많기 때문에 「伊」 가 남지 않은 것 같습니다.

한·일의 문법논쟁(문법은 완전히 일치한다)

어느 학회에서 한 일본인 학자가 "일본어와 한국어의 문법은 95%가 일치한다"고 하기에 그러면 다른 5%는 무엇인지를 질문했습니다. 그러자 "한국어로는 '가지 않는 것'을 '안 간다'라고 하는데 이를 일본어로 하면 「行かない」이다.

'안 간다'에서 부정을 나타내는 '안'
(i - ka - na - i)
은 「行かない」의 'ない(na - i)'에 해당하기 때문에 일본어와 달리 부정어가 동사의 앞에 온다"고 하는 것입니다.

또 한번 저는 이렇게 발언했습니다.

그것은 한문을 훈독했기 때문에 발생한 것이며 원래의 한국어는 그렇지 않습니다. 일본어에서도 한문 「豈図哉」를 훈독하면 「あには(a - ni - ha)からんや(- ka - ran - ya)(-아니 하지 않을 수 있느냐)」라고 합니다. 원래 '안 간다'는 '가지 않는다'이며 뒤에 있던 부정어가 앞으로 온 것입니다.

이러한 용법은 한·일 공통입니다. 이에 관해 한·일어를 비교해 보겠습니다.

阿尸尸良𠃳ㅏ : [a], 恶 : [ak], 安 : [an], 也ㄱ耶邪 : [ja],
於力ㅓㅅ : [ā], 衣ㆍㅊㅿ : [ai], 言ㆎ : [ān],
餘ホㅗ:ㅅ: [jā], 吾烏五亐乎口ㄴᄼ : [u], 玉 : [uk],
葰西 : [ju], 丁優友又 : [ū], 褊由 : [jo], 臥卜 : [ua],
伊亻异爾耳尒以巳 : [i], 印 : [in],
加力ㅐ佳伽何 : [ka],
介ㅼ皆解 : [ka(i)], 廿 : [kam], 艮干榦 : [kan],
甲 : [kap], 去ㅿㄴㅈ巨居虘訐 : [kā],
古口高固故苦好遣 : [ku], 骨忽 : [kur], 屄仇勹丘 : [kū],
㖌口ホㅅ : [kua], 奇己歧期只 : [ki], 吉 : [kir],
奈那刀尸乃内 : [na(i)], 奴又褶 : [nu], 尼ㄴ你 : [ni],
多ㄱㅣ茶 : [tal], 大ナ代ㄷ : [tai], 只存 : [tan], 達 : [tar],
民𠃌ㅑ : [jāl], 丁 : [tjāng], 刀道都 : [tu], 頓 : [tun],
豆頭ㅓㅅ : [tū], 智知ㅊ地ㅣ : [ti], 羅롯口ㅅㅅㆍ良 : [ra],
呂 : [rjā], 老路魯 : [ru], 論 : [run], 留流類 : [rū], [rjū],
里口理利ㅓㅊ利 : [ri], 吝 : [rin], 麻摩亇广馬亇ᄼㄴ : [ma],
旀旀ㅆㅊㅈㄱㅅㅈ : [mjā], 面ㄱ : [mjān],
卞毛 : [mu], 武無 : [mū], 未彌米味 : [mi],
巴波 : [pa], 保甫包 : [pu], 夫富浮 : [pū], 非比毗 : [pi],
沙ㆍ레舍ㅿㅅ四士 : [sa], [sja], 西一 : [sā],
所尸沁素踈助積小 : [su], [sju], 首須ㅜ朱尉 : [sü],

구결문자: 『한국어변천사』(김동소)에서

日	する(su - ru)	しない(si - na - i)
韓	하다	하지 않다

'한 – す, 하지 – し' 의 대응을 생각하면 같은 구조임을 알 수 있습니다.

마찬가지로 가라어 '~잖니' 가 일본어 「じゃない」 에 해당합니다.

잖니 jyani – jyanaiじゃない

ani – nai로 '아니' 와 「ない」 는 대응하고 있으므로 이 '아니' 는 奀의 훈(訓)입니다.

이와 같이 때때로 일본어가 생각지도 못한 곳에서 가라어와 절묘하게 대응하여 놀라고는 합니다.

예를 들면 '고집이 세다, 제멋대로 이다, 필요 이상의' 의 뜻을 지닌 일본어 「穴勝」 는 「あながち」 라고 읽습니다. 이것은 놀랍게도 가라어 '안 같이' 와 대응됩니다. '아니' 는 부정으로 '안' 과 같으므로, 즉 '안 같이' 란 '무리이다, 당연하지 않다' 의 뜻으로 「あながち」 와 뜻이 같은 것입니다.

아니 … あな

같이 … がち

또한 아니 ani – nai ない 에서도 알 수 있듯이 일본어 「あに, ない」 는 같은 말입니다.

이 때 「穴('아니')」 의 위치는 한 · 일 공통적으로 어두입니다.

저는 한 · 일어 문법에 음운 문제로 발생하는 것을 제외한 구문적인 차이는 없다고 생각합니다*. 결국 일본 교수는 그냥 대꾸도 않고 나가버렸습니다만 이 논쟁에 관한 독자 여러분의 판단은 어떠신지요. 듣고 싶습니다.

조사, 조동사, 어법을 포함한 문법이 완전히 같으며 대부분의 기초어가 공통조어를 지닌다는 것은 뭐라고 표현할까요? 또한 '문

*헤아리(다) heari – hakaru はかる(図)
일본어에서는 동사+명사가 되는 경우 동사가 변하지 않는다. 예를 들면 '行く(가다)+道(길)' 은 그대로 '行く道' 그러나 가라어에서는 동사+명사가 되면 동사가 변한다. '가다' + '길' 은 '가다 길' 이 아닌 '가는 길' 이라고 한다. 일본어에서 발음의 편의를 위해 어중이나 어미의 음이 변하는 것처럼 가라어도 이렇게 하는 편이 발음하기 쉽기 때문일 것이다. 이것은 음운이 늘어난 중세 이후에 생긴 현상인 듯 한다.

법이 완전히 일치하는 두 언어는 방언관계'라고 할 때 일본어가 한국어의 방언인가 한국어가 일본어의 방언인가 하는 문제도 여러분의 판단에 맡기겠습니다.

문법보다 중요한 조사의 사용법

중학생이 되었을 때 가장 새로웠던 것은 영어시간이었습니다. 그때 영어 선생님이 'a'와 'the'의 구별방법을 설명하는 데에 진땀을 빼던 기억이 있습니다. 결국 선생님은 "일본인은 애매해서 이전부터 알고 있던 '그것'과 처음 보았을 때의 '이것'을 구별하지 않는다. 그러나 서양인은 일의 순서를 분명하게 'a'와 'the'로 구별한다"고 설명했는데 그 설명이 분명하지가 않아서 오히려 학생들은 더 애매해졌습니다.

그러나 생각해보면 한·일어에는 정관사·부정관사가 없지만 대신에 그것을 조사로 구별합니다. 이러한 구별법도 한국어와 일본어는 같습니다.

I am the Kim:내가 김이다 – 私が金です

'당신이 그 김씨인가' 하는 물음에 대해 '내가 (그) 김이다'라고 답하는 것입니다. 이와는 대조적으로

I am a Kim:나는 김이다 – 私は金です

이것은 처음 만난 사이에서 씁니다. 한·일어는 「가(이)」와 「는(은)」, 「が」와 「は」로 훌륭하게 'the'와 'a'를 구별하고 있습니다.

저는 미국 유학시절에 일본어를 강의하는 아르바이트를 한 적이 있습니다. 단지 일본어를 말할 수 있어서 하게 된 것인데 가장 난감했던 것이 「に行く(~에 가다)」와 「へ行く(~로 가다)」의 구별

이었습니다. 이것을 아무리 영어로 구별하려고 해도 도저히 설명할 길이 없었습니다. 그래서 중학교 시절의 선생님처럼 "동양인은 '~가다'를 사용할 때 목적이 뚜렷하지 않으면 불안하기 때문에 그렇게 구별한다"고 설명했지만 물론 미국인들에게는 잘 통하지 않았습니다.

学校へ行く　－　학교에 가다

学校に行く　－　학교로 가다

일본어 「へ」와 「に」에는 애매함이 있습니다만 한국어에서도 이와 마찬가지로 '에'와 '로'를 사용해서 구별하며 그 애매함마저 똑같이 대응하고 있습니다.

소름이 돋는 어법의 일치

한 · 일어 사이에는 절묘한 어법의 통사(統辭)적 일치가 있습니다. 다음이 그 보기입니다.

보기1) 보다	보 bo – mo – mi み(見)
	먹어보다 – 食べて見る
	가보다 – 行って見る
	해보다 – やって見る

'먹다, 가다, 하다' 등은 보는 것과는 직접 관련이 없는데도 어법상 '보다'가 붙는데 일본어도 같은 뜻의 '見る'가 붙습니다.

보기2) 걸다	건(다) kon – ken – kake かけ(掛ける)
	전화를 걸다 – 電話を掛ける
	벽에 걸다 – 壁に掛ける
	싸움을 걸다 – 喧嘩をし掛ける

'전화, 말, 싸움' 등은 '걸다' 와는 아무 관계가 없습니다.

보기3) 두다	그만두다 – 止めて置く (to-me-te-o-ku)
	해 두다 – して置く, やって置く (si-te-o-ku ya-tsu-te-o-ku)
	보아두다 – 見て置く (mi-te-o-ku)

이들 보기는 문법보다 더 미묘한 어법의 일치이며 소름이 돋을 정도로 일치하는 것입니다.

III-6. 점점 벌어지는 한·일어의 차이

김춘추와 왜 고관의 대화

중앙집권제에서는 표준어는 마치 블랙홀과도 같이 점차 방언을 흡수해 나갑니다. 원래 백제어와 신라어는 방언 정도의 차이밖에 없었습니다만 한반도에서는 신라어가, 일본열도에서는 백제어가 정권세력의 언어가 되면서 각자의 지역에 2개의 블랙홀이 생기게 되었습니다. 이러한 역사적 배경에서 이야기를 시작해 봅시다.

642년 신라의 김춘추(金春秋-훗날의 무열왕)는 고구려와의 연합공작을 위해 평양으로 향합니다만 오히려 사로잡혀 구사일생으로 도망쳐서 돌아옵니다. 궁지에 몰리자 지푸라기라도 잡는 심정으로 일본과 손을 잡으려고 합니다. 647년 『일본서기』에 실린 그에 관한 기록에 "姿顔(かほ)美(よく)して善(この)みて談咲(ほたきこと)*す: 미남이고 말솜씨가 좋다"라고 되어 있어 전형적인 외교관이었음을 알 수 있습니다. 김춘추는 매우 달변가였습니다만 백제와 관계가 깊은 왜나라 조정을 움직일 수는 없었습니다. 그에게 남겨진 다음 선택지는 당나라와의 연합이었습니다.

이듬해인 648년에 김춘추는 당나라 태종(太宗) 앞에 무릎 꿇고 군을 파견하여 백제를 격파해 달라고 부탁합니다. 당나라가 그 보답으로 내건 조건은 신라 왕자를 인질로 한다는 것과 당나라의 연호를 수용하는 등 완전히 당에 사대하는 것이었습니다.

이 대목에서 저의 관심사는 과연 김춘추와 왜(야마토)의 고관은

*가로데
(가라시대)
karode
┌ hotaru – hanasu
│ (ほたる談) はなす(話)
└ kataru – かたる(語)

어느 나라 언어로 대화를 나누었는가 하는 것입니다. 기록의 문맥상 통역을 개입시켰다고는 생각되지 않습니다. 당시 왜 조정의 중심부는 백제출신이었으며 주로 쓰는 말은 백제어였다고 할 수 있습니다. 따라서 김춘추는 백제의 고관들과 이야기를 할 때와 같이 왜 조정에서도 신라어로 말한 것입니다.

그렇다면 신라어와 백제어는 어느 정도 차이가 있었을까요? 이에 대해 한국 학계에서는 '방언 정도의 차이가 있다'와 '전혀 다르다'의 두 가지 의견으로 나뉩니다. 저는 양자의 지배층이 사용하는 언어에 방언 정도의 차이는 있으나 서로 충분히 의사소통할 수 있었다고 생각합니다.

이 문제에 관해서 『만엽집』의 시가 4516수 가운데 신라계의 노래가 수록된 「동국가」와 그 외의 주로 백제계 시가와 비교하는 것이 참고가 됩니다. 「동국가」는 분명히 신라어, 즉 왜나라의 방언이 많이 들어있으나 백제계 시인이 이해하고 수록한 것으로 서로가 이해할 수 있었던 것입니다. 실제로 오늘날 일본인의 눈에는 몇 개의 낱말을 제외하고는 크게 다를 바가 없습니다.

신라는 삼한의 하나인 진한(辰韓)을 기반으로 건국하고 562년에 가야를 흡수했습니다. 백제도 잇달아 마한(馬韓)과 가야의 일부를 흡수했습니다. 따라서 백제와 신라 모두 공통적으로 가라어(한반도 남부 언어)의 영향을 크게 받고 있습니다.

또한 중국의 문헌에는 이런 흥미로운 기록이 있습니다. "신라인과는 직접 말이 통하지 않기 때문에 백제인을 통해 말한다"(『梁書』新羅條) 『양서(梁書)』는 남조(6세기)의 문헌입니다. 백제인은 신라인과도 의사소통을 할 수 있었던 것입니다. 이는 백제지역에서 당시의 중국 남조어(呉語)가 널리 통용되었음을 시사합니다.

8세기 중엽에는 통역이 필요했다

중국의『주서(周書)』에는 백제의 귀족어와 서민의 말의 차이에 대한 기록이 있습니다. 한반도와 일본열도의 국가형성은 민족이동(또는 정복)의 결과이며 고대에 귀족어와 서민어에 차이가 있었던 것은 당연합니다. 10세기에 귀족 여성이 쓴 일본 수필『枕草子』에는 궁중에서 하인들이 사용하는 말은「さえずり」라고 하며 귀족어와 차이가 있음이 기록되어 있습니다.

> 새소리(鳥の声) – 사투리 (方言)
> sesori – saezuri さえずり

일본어로「さえずり」는 새가 지저귀는 소리를 뜻하여 가라어 '새소리'에 대응됩니다. 10세기의『枕草子』에는「あまり(나머지)」를 서민이 쓰는 언어, 또는 방언이라는 의미로 사용하고 있습니다. 이것이 변형되어 오늘날에는「なまり(나머지)」입니다.

> 나머지namoji – amari (余)
> namari なまり (訛) 즉, '남은 말'이 방언·사투리라는 것입니다.

일반적으로 정복자의 말은 세련되고 표준화하고 피정복자들의 말은 방언으로 남습니다. 가령 영국의 귀족영어는 일부러 서민의 말과 구별하기 위한 것 같기도 합니다. 앞서 설명한 것과 같이『일본서기』에는 신라의 김춘추가 왜로 건너와 외교활동을 했다고 기록되어 있습니다만 마치 고대 유럽에서 라틴어가 통했던 것처럼 지배계급 사이에서는 대화가 가능했을 것입니다.

또한 다른 예를 살펴보면 6세기 중엽에 왜의 사절이「からさえ

176

ずり(가라 사에즈리)」를 쓰는 백제 여성과 이야기를 나누었다는 기
록이 『일본서기』(敏達12年)에 있습니다. 남녀 사이를 묘사하는 미
묘한 내용입니다만 서로 말이 통했음을 알 수 있습니다.

『위지동이전(魏志東夷傳)』(弁辰傳)에는 "변진(弁辰)은 진한과
언어와 풍속이 같다. 더욱이 진한은 마한의 동쪽에 있으며 그들(진
한과 마한)의 말은 같지 않다"고 되어 있습니다. 그러나 흥미롭게도
「위지(魏志)」로부터 약 3백 년 후에 씌어진 「양지(梁志)」에는 앞서
소개한 대로 당시의 중국(남조)인은 마한을 흡수한 백제인을 통해
진한을 흡수한 신라인과 대화를 했다고 되어 있습니다. 불과 1400
년 전 통일신라와 일본이 탄생했을 때만 해도 한반도 말과 일본말
에는 큰 차이가 없었으며 거의 같은 문자(이두와 만엽문자)가 있었
습니다. 문법은 지금까지도 같습니다.

신라와 왜나라 사이에 실질적으로 통역이 등장한 것은 백제 멸
망 후 50년이 지난 8세기 중반의 일입니다. 그 즈음 이미 백제어 중
심인 일본에서는 신라와의 언어소통이 곤란한 상황이었던 것 같습
니다. 이는 마치 전후 60년이 지난 일본 오키나와에서 노인들이 쓰
는 그 지방의 말이 젊은이들에게 통하지 않게 된 것과 비슷한 현상
입니다. 12세기 가마쿠라(鎌倉) 시대에 만들어진 사전 『치리부쿠
로(塵袋)』에는 대마도 말이 신라어였다는 기록이 있습니다. 대마도
는 왜의 땅으로 663년 이후에도 계속해서 왜인들이 살았던 곳입니
다. 그렇기 때문에 당연히 왜나라 말(일본어)을 사용했음에도 12세
기 중엽의 대마도는 일본인들은 그것이 신라어였다고 하고 있습니
다. 이것은 그 동안에 대마도어(예전의 신라어)와 일본어(백제어)
간에 큰 차이가 생겼음을 시사하고 있는 것입니다.

IV

한자의 개입이
한국어와 일본어를
나누었다

Ⅳ-1. 가깝고도 먼 언어

한 · 일어가 갈라지게 된 이유

일본어에는 "이름에 쓰인 한자는 다소라도 근거가 있다면 어떤 식으로도 읽을 수 있다" 는 무원칙의 원칙이 있습니다. 그것은 이미 만엽문자에서부터 시작된 일이었습니다. 음과 훈이라는 쌍칼쓰기 (二刀流)는 물론, 음과 훈을 다는 데에도 일정한 규칙이 없기 때문에 복잡해집니다. 후세에 들어서 만엽집을 처음으로 읽어낸 사람은 매일 수수께끼를 푸는 기분이었을 것입니다. 특히 훈독은 작자 본인조차도 후일에는 달리 읽을 수도 있습니다. 가령 한국어로 말하면 '遠方来' 를 '먼데서 왔다' 또는 '먼 곳에서 오다' 와 같이 읽는 식입니다. 더욱이 시대가 지날 수록 일본식 한자어(当て字)도 음만 맞추면 그만이라는 제멋대로 식이라 할 정도가 되었습니다. 음독은 한자가 일본에 도래하기까지 백제에서 유입된 중국 남조(南朝)의 오음(呉音)과 8세기 이후 견당사 등에 의해 유입된 당음(唐音)이 있어 더 이상 한가지 방법으로는 읽을 수 없게 되었습니다. 그러나 일본에서는 과거도 실시되지 않아 제도적으로 언어를 통일시키는 일은 없었습니다. 바로 이런 일들이 일본 특유의 양자택일을 피하는 경향으로 이어져 오음(呉音)과 당음(唐音)을 공존시키게 됩니다.

(예) 修行 : しゅぎょう → 行(ぎょう) (백제식 오음, 6~7세기)

旅行 : りょこう → 行(こう) (한음, 8세기)

行脚 : あんぎゃ → 行(あん) (당 · 송음, 12세기)

180

한자는 원래 황하(黃河) 유역에서 발생한 문자입니다. 한·일·베트남 등 주변제국은 그것을 차용하고 있습니다. 고유 한반도어 혹은 고유 일본어인 이른바 야마토(大和)어만이 통용되었던 지역에 중국어(한자어)가 대거 유입되어 오늘날 한국어와 일본어가 형성되었습니다. 현재 한국어의 75%와 일본어의 50%는 중국식 한자어입니다. 그러나 읽는 방식은 각각 다릅니다. 예를 들면 한국의 철도역명인 대전(大田), 병점(餠店)은 각각 '넓은 밭', '떡 가게'의 뜻을 지닙니다. 이것을 한국에서는 '대전', '병점'이라는 한가지 음으로밖에 읽지 않습니다. 한국어에서는 음으로만 읽고 머리 속에서 '넓은 밭', '떡 가게'라는 뜻을 이해하기도 합니다.

한국 지명 가운데 오직 '서울'만이 가라어(비 한자어)인 반면 일본에서는 '広島'를 「ひろしま」, '山口'를 「やまぐち」라고 훈(뜻)으로 읽습니다. 이들 글자는 「こうとう」, 「さんこう」와 같이 음으로도 읽을 수 있는데 왜 그렇게 읽지 않는 것일까요? 그것은 옛날부터 있던 습관상 그렇게 읽고 있을 뿐인 것입니다. 덧붙이자면 일본 철도역명은 교토(京都)·도쿄(東京)를 포함한 극히 적은 예를 제외하면 거의 훈(뜻)으로 읽습니다. 일본어에서는 음(音)이든 훈(訓)이든 어느 쪽으로 읽어도 상관없기 때문에 예로부터 읽어온 습관에 따르는 것입니다. 한국 한자사전에 오로지 하나 '山 산'이라고 밖에 씌어져 있지 않은 것과 달리 일본 사전에는 '山'을 「サン(漢音), セン(吳音), やま」라고 표기하고 있습니다. 이러한 한·일어의 차이가 오늘날과 같이 다른 길을 걷게된 가장 큰 이유입니다.

오늘날 일본어에서는 히라가나, 가타카나, 한자 외에 알파벳까지 도입해서 사용하고 있습니다. 하지만 위스키, 맥주와 같은 외래

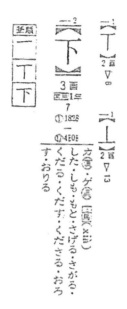

음독훈독: 일본사전에서는 '下' 를 한음, 오음, 훈독 총 3가지로 제시하고 있다

어는 「ウイスキー、ビール」와 같이 가타카나로, 야마토어는 히라가나로, 한문에서 온 것은 한자로 쓰는 등 구별짓고 있습니다. 일본의 한국요리점에서 메뉴를 쓸 때에는 외국어이기 때문에 보통 「キムチ」「ブルゴギ」와 같이 쓰지 「きむち」또는 「ぶるごぎ」라 쓰지는 않습니다.

한편 한국인은 공자의 글을 마음대로 읽다가는 사문난적(斯文亂賊)이라고 하며 규탄을 받을 정도로 원칙주의입니다. 조선시대의 지식인들은 한문만을 고집하며 기껏 한글을 만들었음에도 거의 사용하려고 하지 않았습니다. 그랬던 것이 1945년 광복 이후 상황이 역전되어 한글이 주류가 되었습니다. 그후 불편함을 견디다 못해 남한에서는 조금씩 한자를 혼용하게 되었습니다만 북한 쪽은 지금도 한글만을 사용합니다. 한글 전용론자들은 마치 당풍(唐風)을 배척하고 야마토 정신을 주장한 일본 근세 국수주의 학파와 같아서 어떤 한자어도 고유 한국어로 고치고자 하였습니다. 예를 들면 비행기를 '날틀이', 전화는 '번개딸딸이'와 같은 식이었습니다. 이러한 움직임은 명백히 지나친 것이라 할 수 있을 것입니다.

한자를 받아들이는 방식에 큰 차이가 있었다

신라통일 이후 한·일 양 지역에서 상반되는 문화적 양상이 시작되었습니다. 한반도 통일을 이룬 신라는 많은 유학생을 당나라로 보내 당음(중국어)과 당의 문화를 적극적으로 수용하여 757년 경덕왕(景德王) 시절에는 고유명사까지 당의 방식에 따라 수정했으며 오늘날과 같이 이름과 지명마저 바뀌었습니다.

그 옛날 백제를 통해 간접적으로 수용한 오음은 한반도에서는

182

거의 사라지고 고려의 광종왕(光宗王 10세기)이 중국의 과거제도를 도입하면서 당음이 확실히 정착하게 되었습니다. 시험제도는 항상 모범답안 하나만을 남기는 법입니다. 광복 직후 미군부대에서 흘러나온 엉터리 영어가 정통영어로 대치되었던 것과 비슷한 현상이 일어난 것입니다.

이와 같은 역사를 지닌 한국인과 비교하면 성명, 지명의 대부분이 야마토어인 일본은 전혀 다른 문화권인 것처럼 느껴집니다. 또한 일본인에게도 한국은 일본 보다는 중국에 더 가깝다고 느껴질 것입니다.

한국인은 한번 바꾼다 하면 철저하게 바꿉니다. 광복 이후에는 방향을 바꾸어 한자를 없애기로 했고 한자를 무시한 결과 현재 대학생의 80%가 아버지의 이름조차 한자로 쓰지 못하게 되고 만 것입니다. 한글만을 사용할 것을 강행한 이 극단적인 조치는 방향이 다를 뿐 그 옛날 신라가 중국식 한자를 철저하게 보급시켰을 때와 같습니다. 이러한 움직임에 당시의 일본도 신라에 지지 않으려고 당나라 학자를 초대하여 음박사(音博士)로 임명하고 당나라식 한자음을 보급하였습니다. 8세기 중국사서 『신당서(新唐書)』의 「일본전」에서는 7세기 말에 대해 다음과 같은 기록이 있습니다.

"일본 사절이 왔다. 고구려 정벌을 축하하고 그 후 당나라 말을 배우기 시작했으며 왜(倭)라는 이름을 싫어하고 일본(日本)으로 개명하였다."

신라와 일본은 각각 '당을 모방하라' 며 서로 경쟁하였고 동시에 당나라식으로 창씨개명도 했습니다. 예를 들어 일본의 '藤原' 는 「藤」^{tou}, '菅原' 는 「菅」^{kan}, 『古事記』 는 원래의 독음 「ふることふみ」^{hu-ru-ko-to-hu-lmi}에

서 「古事記」로 바꾸어 지금의 명칭이 된 것입니다. 지금도 지명은
대부분 야마토어입니다만 수도를 「みやこ(都)*」라 하지 않고 「京
都」라고 했던 것도 이 시절의 이야기입니다.

당과 한반도는 이웃, 일본열도는 너무 멀었다

일본은 백마강 전투에서 나·당 연합군과 싸웠기 때문에 두 나
라에 대한 감정은 좋을 수 없었는데 당은 압도적인 대국이었으므로
추종할 수밖에 없었습니다. 그러나 신라는 형제국 백제의 숙적이자
당을 끌어들인 직접적인 적이었습니다. 이런 일본의 감정은 마치
제2차 세계대전 후 미국에는 졌다고 인정하면서도 중국에는 끝까
지 항복하지 않으려 했으며 더욱이 한국 독립군과는 싸웠다고 조차
생각하지 않는 것과도 같습니다.

일본은 백강전투의 전투처리를 위해 당나라에 견당사라는 조
공사절을 파견키로 했습니다. 그러나 일본열도와 신라의 관계가 악
화하여 한반도 주변의 해역을 배가 통과할 수 없었으므로 동중국해
를 횡단하는 대양항해를 할 수밖에 없었는데, 그것은 목숨을 건 모
험이나 마찬가지였습니다. 당의 저명한 승려 감진(鑑真)은 5차례나
일본도항에 실패하고 6번째에 겨우 성공합니다(8세기). 견당사를
태운 배 4척 중 1척이라도 도착하면 성공했다고 하던 시대였습니
다. 그 때문에 일본의 유학생과 유학승려의 수는 신라와는 비교할
수 없을 정도로 적었습니다. 신라와 일본의 우수한 인재들은 당의
엘리트 코스인 과거를 수험했습니다. 신라인의 당나라 과거 합격자
수는 최치원을 포함하여 90여명이었으나 이에 비해 일본인은 아베
노 나카마로(阿部仲麻呂) 한 명에 지나지 않았습니다(698~770년).

김교각

또한 신라에서는 혜초(慧超)나 지장보살(地藏菩薩)로서 숭배를 받은 신라 왕자 출신 김교각(金喬覺) 등 수많은 고승이 배출되었고 적어도 9명의 신라 승이 실크로드를 통해 인도에 구법을 하였습니다. 이에 관한 시가 남아 있습니다.

"인도의 길은 멀고, 산은 구름 사이사이에 있다. 안타까워라 법을 찾는 길. 몇 년의 나그네 길. 구름 따라 지팡이를 짚고 갔으나, 돌아오는 이를 못봤다. 『삼국유사』"

큰 바다가 사이에 놓여있던 일본은 아무리 노력해도 지리적으로 가까운 신라에 비할 바가 못되었습니다. 과거합격자 또는 고승의 수에 관한 신라·일본의 비율은 당의 음운이 신라와 일본에 미친 영향의 크기에 정비례합니다.

이러한 이유로 일본인은 아무리 노력해도 당풍화(唐風化)의 성과가 없었고 그러는 동안에 오히려 백제 학자들이 전한 훈독(訓読) 즉 '일본식을 그대로 하면 어떠한가!' 하는 움직임이 일며 당시의 최고 학자였던 스가하라 미치사네(菅原道真)는 와혼한재(和魂漢才—일본의 정신으로 중국의 지식을 얻자)를 주장했습니다. 그것은 곧

'일본식으로 한문을 읽고 중국식 뜻을 나타내자'는 것으로 이후 일본은 한문의 일본어화를 적극적으로 추진하여 한문을 오로지 읽고 해석하는 독해식 지식 습득에만 힘을 썼던 옛날이나 지금이나 크게 변하지 않은 듯합니다. 그 이후 1200년이 지나 메이지유신(明治維新) 이후 한(漢)을 양(洋)으로 바꾸어 화혼양재(和魂洋才)라고 하며 영어를 배울 때도 그 옛날 한문 학습법과 같이 발음교육을 무시했습니다. 해방 후 대부분의 한국인 영어교사는 일본식 영어교육을 받았기 때문에 불과 수년 전까지 우리나라에서도 해석을 중심으로 교육하는 일본식 영어학습법이 성행했던 것입니다.

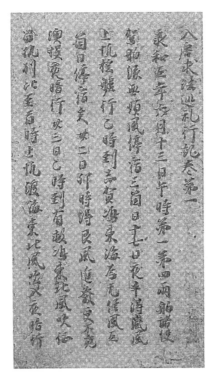

엔닌의 일기

엔닌(円仁)과 장보고

일본인에게 있어서 당은 모로코시(諸越:먼 곳)였지만 한반도 특히 서해안 사람들(백제인)에게는 가까운 나라였던 것이다. 해양활동이 왕성한 국가들은 그리스도 그랬던 것처럼 주로 다도해가 있는 곳이다. 지리적으로도 신라가 면한 동해에는 섬이 거의 없는데 이와는 반대로 백제의 바다, 즉 서남쪽은 다도해였다. 뿐만 아니라 백제라는 이름은 백가제가(百家濟家)로 많은 사람들이 무리를 이루어 바다를 건너다'에서 취했다는 말이 있을 정도다.

838년 당으로 건너가 약 10년 후인847년에 귀국한 엔닌(円仁)의 『입당구법순찰기(入唐求法巡禮記)』는 라이샤워 박사가 말한 바와 같이 대륙, 한반도, 일본열도 간의 고대 동북 아시아 최대의 교류기록이기도 하다. 특히 그의 일지 가운데에 있는 당에서의 한반도인의 활약상에 관한 것이 가장 흥미롭다. 그 기록에 등장하는 신라인의 상당부분이 원래 백제인이었던 것으로 보이며 백제가 멸망하기 이전부터 당에 있었던 사람들의 후손이었으나 신라 통일 이후에 많은 신라인이 중국을 왕래한 것은 사실이다. 이에 따르면 그 당시 많은 신라인이 각지에 거류지와 자치조직을 가지고 있었으며 그 활동이 눈부셨다고 씌어져 있다. 특히 라이샤워 박사가 무역왕이라 이름 붙인 장보고는 산동반도와 규슈 사이에 있는 현재의 전남 왕도(旺島)에 거점을 두고 활약했다고 기록되어 있다. 그의 선단(船團), 조직, 군사력, 경제력은 신라의 정권마저도 좌우할 정도의 실력이었지만 그는 딸을 신라의 왕비로 만들어 정치에 관여함으로써 보수적인 신라인에게 암살당한다.

장보고 암살 이후 신라의 제해권(制海權)은 내리막 길을 걷게 된다. 엔닌은 그러한 재당 신라인의 호의에 의해 귀국할 수 있었다. 엔닌을 태운 신라의 배는 산동반도를 출발하여 그 옛날 야마토코구(邪馬台國)로 가는 사절단이 왕래했던 항로를 따라 한반도 서해안을 남하하여 금강하구, 곧 나·당연합군과 백제·왜 연합군 사이에 전투가 있었던 곳을 통과한다.

엔닌은 그곳이 옛날 왜·백제연 합군이 패망한 땅이었다고도 기록 하고 있는데 당시의 일본인에게도 그 전투의 기억이 생생했음을 알려 주는 내용이다. 엔닌이 당을 출발 한 시점은 이미 장보고가 암살당한 후의 일로 그들은 만나지 않았다. 기록을 보면 엔닌을 태운 배는 산 동반도를 출발한 후 불과 8일만에 대마도 시쪽을 지나 규슈에 도착하 였다. 엔닌의 귀국항로는 한(漢)나 라 시대 이래 이미 왜(규슈 북부)에 서 대륙으로 이어지는 길이 열려 있었음을 보여준다. 또한 야마토 (邪馬台)로 이어지는 항로가 백제 인의 해상활동 무대임과 동시에 고 구려, 백제를 향한 당나라의 공격 루트이기도 했음을 시사하고 있다.

한자 개입으로 생긴 음운변화–
한국어 음운은 증대하고 일본어 음운은 변하지 않았다.

이와 같이 당에 대한 교류의 밀도 차이는 그대로 한·일어에 반영됩니다. 한국어 음운이 중국식 한자음의 도입으로 매우 증가했음에도 불구하고 일본어는 기존의 좁은 범위 안에 그대로 있었습니다.

낱말이 계속해서 변화해 가는데도 음은 거의 그대로였습니다. 7세기 경 일본어의 pa, pi, pu, pe, po발음은 그 이후 fa, fi, fu, fe, fo 가 되었고 오늘날에는 は, ひ, ふ, へ, ほ입니다. 즉, p → f → h 의 순서로 변화한 것입니다. 그러나 이들 음은 그대로 일본어 음운의 틀 속에 있습니다.

'急'의 본래 한음은 [kip]이었습니다. 여기서 「p」는 입성음(入聲音) 입니다만 한국어에서는 kip → kup로 약간만 변하여 'ㅍ' 받침이 생겼습니다.

반면 이 한자는 7세기 경 일본에 들어간 후 다음과 같이 변했습

니다. [kip → kipu → kifu → kihu → kiyu (きゅう)]

　일본어 음운에서는 끝 음(終音)의 입성(入聲)인 p, t, k가 그대로 발음될 여지가 없는 것입니다. 영어의 경우에도 마찬가지로 cap′ cat′ kick는 キャップ, キャット, キック로 p, t, k 뒤에 모음이 붙습니다.

　또한 하나의 한자가 두개는 보통이요 세 가지 이상의 음을 가질 수도 있습니다.

　　[合]　ga-tsu-tai がったい (合體)

　　　　ka-tsu-sen かっせん(合戰)

　　　　gou-i ごうい(合意)

한자음에서도 한국어와 일본어는 반드시 일대일로 대응하는 것은 아니며 음운법칙 또한 성립되지 않습니다. 또한 일본어에 「っ」와 「ん」이 도입되었으나 이것은 한국어의 받침과 같이 중국어의 영향에 따른 것입니다. 「っ」는 'つたえる(전하다)', 'つぎ(다음)' 등의 「っ」와는 달리 'あった(있다)' 의 「っ」는 받침역할을 하는 말자음(末子音) 「っ」와 같습니다. 한편 한국어에서는 ㅅ, ㄴ(っ,ん) 외에

일본 최초의 한시집 「가이후소」를 여훈독체로 읽도록 하고 있다.

도 ㅍ, ㄷ, ㄱ 등 받침이 생기며 음운의 종류가 증가했습니다. 현재 한국어와 일본어의 발음 수는 대단히 큰 차이(약 30배)를 가지는 상황에 이르렀습니다.

오늘날의 한국인은 2000개 이상의 음을 발음하며 컴퓨터가 발달하기 이전에 보통 규모의 인쇄소에는 2300개 정도의 한글활자를 갖추고 있었습니다. 한편 일본의 가나는 기껏해야 70개 정도입니다. 예를 들면 '거, 꼬, 꺼, 커, 코' 등의 음은 「こ」^{ko}, 또한 '저, 져, 조, 죠'와 '처, 쳐, 초, 쵸', '쩌, 쪄, 쪼, 쬬'는 똑같이 「ちょ」^{cho}와 같이 한가지 음으로 발음하는 이외에 도리가 없습니다. 그렇기 때문에 같은 어원을 갖고 있음에도 불구하고 한국어와 일본어의 단어 사이에는 인구어(印歐語)에서 성립되는 음운법칙과 같은 일대일 대응이 성립될 수 없는 것입니다.

언어와 사고

일본어는 음표문자 가나로 가타카나(カタカナ), 히라가나(ひらがな), 헨타이가나(變体仮名) 등 여러 종류가 있다. 뿐만 아니라 한자를 훈으로도 음으로도 읽는다. 또한 음으로 읽을 때에도 가령 相(상sang)을 제대로 발음하지 못해 「さ が」^{sa}^{ga}, 「そう」$^{so-u}$ 두 가지로 읽고 애써 하나로 통일할 노력을 하지 않았다.

흥미롭게도 이러한 경향은 국민성에도 그대로 반영된다. 일본정신(大和心)$^{ya-ma-to-go-ko-ro}$을 강조한 근세의 국학자 모토오리(本居宣長)는 "신은 하나가 아니다. 힘세고 비범한 것은 모두 신이다. 하늘도 무서운 동물도 신이다. 유교, 불교 그리고 고대의 무당도 신이다. 정치 또한 한가지 사상으로만 하는 것이 아니라 그때그때의 형편에 따라 유교, 불교 등 편리한 것을 섬기면 된다"고 선언하고 있다. 한마디로 무원칙의 편의주의이다.

언어와 사고의 관계는 그리스 이래의 중요한 문제인데 J. 헬더는 '언어는 사고의 틀'이라고 했다.

즉 인간은 언어로 생각하고 또한 언어의 성격은 사고양식을 직접적으로 결정하는 것이다. 따라서 인본의 언어에 관한 무원칙주의가 일본인에게 임기응변식의 편의주의적 사고를 갖게 했다.

반면 한국의 언어에 관한 원칙주의, 가령 한자를 한가지로만 읽는 태도는 정치·종교에도 그대로 반영되어 있다. 우리는 한·일어의 연구를 통해 뜻하지 않게 언어정책이 국민성과 직결되는 일까지도 엿볼 수 있다.

가나 50음

일본어 50음의 기원은 한국의 구결문자와 같이 출발하였고 11세기경에 그 기초가 마련되었으며 18세기에 현대어와 같이 되었다.

중국어에 적극적인 한글과 소극적인 일본 가나(仮名)

일본어는 적은 음으로 수 많은 한자음을 소화하여 대응시킴으로써 중국어에 없는 다양한 '일본식 한자어'와 음표문자 '가나(仮名)'가 만들어졌습니다(8~9세기). 주목해야 할 것은 이 무렵 일본은 귀족사회로 인문학이 대성행했다는 점입니다. 학문이 곧 출세의 지름길인 시대로 남성들은 주로 한문공부에만 열을 올리고 있었습니다. 한문은 두말할 것도 없이 외국어(중국어)이고 아무리 해도 본고장의 문학을 능가할 만한 작품이 나올 수 없습니다. 한국 최고의 수재들이 영문학에서 이룬 업적이 고작 번역이 중심이고 영어실력이 미국·영국의 고등학생 수준에도 못미쳤던 것과도 같습니다. 그러나 한문을 많이 읽는 바람에 종래에는 없었던 발음이 등장하면서 한글은 연속된 두 음절의 모음을 'ㅚ, ㅒ, ㅖ' 등과 같이 한 음절의 합성모음으로 만들어 모음을 21개로 늘려갔습니다.

일본 역시 나름의 방법으로 한자에 몰두하면서 종래 일본음에는 없었던 '刀, 愛, 曳'와 같은 두 모음이 연속되는 낱말이 새로이 생겨났습니다. 그러나 한국어와는 달리 음운의 양은 변하지 않아 '일본어'라는 병 속의 태풍과도 같았습니다.

『만엽집』은 8세기 말엽에, 그리고『고금집』은 11세기 초두에 편찬되었습니다만 그 안에 게재된 시어는 크게 다릅니다. 어느날 돌연 일본어에 수많은 낱말이 축적된 것입니다. 궁중여성들은 한문 공부를 못하는 형편을 역이용해서 여유로운 시간을 새로 도입된 연속되는 모음 등으로 증가된 음운을 활용해 새로이 낱말을 만들어 마음대로 썼습니다. 이러는 동안 야마토어는 더욱 세련되어져 10~11세기에는 마침내『겐지이야기(源氏物語)』와 같은 세계적인 수준인 가나문자에 의한 순수 일본문학이 등장했습니다. 그러나 이 시기에 한국어의 음은 새로운 받침, 합성모음의 도입 등으로 크게 변했습니다. 8·9세기에 걸쳐서 150년 동안 일본어와 한국어는 전혀 다른 방향으로 전개되어 갔고 드디어 '한글창제'에 이릅니다.

한국어와 일본어가 나뉘게 된 시대와 관련하여 참고할 만한 말이 있습니다.

'하나의 언어가 둘로 나뉠 때의 변화는 점진적으로 진행되는 것이 아니라 불과 2세대 사이에 갈라진다. 중간상태의 단계는 매우 짧다'(R.W.M 딕슨『언어의 흥망』)

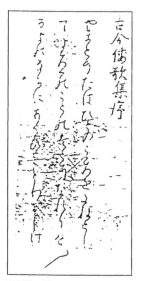

고금집 서문

합성모음

　최근 현대자동차는 일본에서도 인기가 있지만 그 로고를 보면 'hyundai'와 같이 쓰여져 있다. 한국인은 'dai'를 '대'로 읽지만 일본인은 '다이'라고 읽는다. 오늘날 한국어에서 'ai'는 한 음절의 합성모음 'ɛ'로 발음하지만 일본어는 이것을 별개의 두 음절로 인식하여 그대로 'a·i'와 같이 발음한다.

　그러나 고대에는 한국에서도 두 음절로 인식하여 'a·i'라 읽었다.

IV-2. 상이한 한자관

신라와 백제는 한자도 다르게 읽었다

앞서 말했듯이 왕인은 일본의 태자에게 백제어로 글(논어)을 가르쳤습니다. 백제는 당나라에 신경 쓸 필요 없이 자신들이 읽기 편한 데로 읽었는데 그것이 훈독의 시초가 되었습니다.

논어의 첫 문장은 「學而時習之 不亦說乎 / 有朋自遠方來 不亦樂乎」입니다.

(1) 음으로 읽기: (이른바 신라식)

^{ga-ku-ji-ji-s yu-u} ^{hu-e-ki-se-tsu-ko} ^{yu-u-ho-u-ji-e n-po-u-ra-i}
「がくじじしゅう ふえきせつこ / ゆうほうじえんぽうらい
^{hu-e-ki-ra-ku-ko}
ふえきらくこ」

일본 음이지만 음만으로 읽어 내리면 일본인에게도 전혀 다른 외국 말처럼 들립니다.

마찬가지로 "학이시습지면 불여열호아 / 유붕이 자원방래면 불역락호아"는 한국인에게도 외국어나 다름 없으며 부자연스러운 읽기입니다.

(2) 일본식으로 읽기:

: 배우고 때때로 익힌다. 이것 또한 즐겁지 아니한가.

동무가 멀리서 온다. 그것 또한 즐겁지 아니한가.

^{ma-nan-de-to-ki-ni-ko-re-wo-na-ra-u}   ^{ma-ta-u-re-si-ka-ra-zu-ya}   ^{to-mo-en-pou-yo-ri-ku-ru}
「学んで時に之を習う　亦説しからずや　朋遠方より来る

「遠方」을 제외하고는 모두 훈독(일본식 독음) 즉 백제 식으로 읽고 있습니다. 나아가 「遠方」역시 '遠 い 所(먼 곳)'와 같이 훈독

to - o - i - to-ko-ro

으로 읽을 수 있습니다. 한국인이 한자를 음으로 읽고 번역하고 생각하는 것과는 전혀 다르게 일본인은 처음부터 '해석(번역)해서 읽는' 것입니다. 왕인에게 한문을 배운 일본의 태자는 단시일에 학문에 통달했는데 중국식으로 읽었다면 도저히 그럴 수 없는 일이므로 왕인은 일본인이 알 수 있도록 (2)와 같이 가르쳤음이 분명합니다. 여기서 위에서 등장했던 말들을 알아봅시다.

나란 naran – narabu – narau ならう(習う) 익히다

n–m ｜

manabu まなぶ(学ぶ)=ま+narabu=まならぶ

배우다

｜

mane まね(眞似), 본따다

요즘은 '나란(하다)'은 '평행'의 뜻으로 쓰이고 있습니다만 나란히 하는 것이 배움의 시작입니다.

마디 madi – mata また(亦), 또한

얼씨구 orusigu – uresiku うれしく(嬉しく)

동무 donmo – tomo とも(朋)

멀(다) moru – horu – haru+ka はるか(遥か)

to+horu 通る, 遠く – tookata とおかた(遠方)

에서 eso – yeso – yori より

s–r

올 oru – horu – kuru くる(來る)

다(함께) 놀리 ta+nori – tanosi たのし(楽)

다함께 – 一緒に (i-tsu-syo-ni)

놀이 – 遊び (a-so-bi) ⇒ 함께 노는 것, 즐겁다

*쉬(다) sui – suim – asubi –
yasumi やすみ(休)
어두모음화 모음충돌(돌연변이)
m–b

쉬(다) sui*, asobi(遊), yasumi(休み)는 동족어입니다. 이러한 말들은 모두 현 가라어에 대응하며 한자어가 아닌 야마토어(백제어)인 것입니다. 위와 같이 현대 한국어 낱말에 일본어(야마토)가 대응한다는 사실에서도 현 한국어의 꽤 많은 부분이 백제어를 내포하고 있음을 알 수 있습니다.

오늘날의 한국어에는 받침이 있지만 일본어에는 그것이 없습니다. 삼국시대 이전에 없었던 받침이 한자를 통해 8세기 이후 신라어에 유입된 것입니다. 신라와 일본의 한자를 받아들이는 방법의 차이는 독일에서 종교혁명 이전에 기독교의 사제들이 라틴어로 씌어진 성서를 고집했으나 그후 루터가 번역한 독일어 성서가 보급되어 독일어에 커다란 변화를 야기시킨 것과 비슷한 일입니다. 일본 고유어와 가나중심인 문학은 서민 사이에 급속히 보급된 것입니다.

『동국정운』은 당시의 중국음을 철저히 반영할 정도로 세종(世宗) 때 이미 조선의 한자음은 철저히 중국 음을 반영하고 있었습니다. 한국에서는 지금도 옛날 식의 결혼식이나 제사를 지낼 때 대부분의 사람들이 무슨 말인지도 모르는 한자어를 사용하고 있습니다.

196

사회가 한자어로 '재배(再拜)' 하고 호령을 하면 '두 번 절을 하십시오' 와 같이 통역이 필요한 경우도 있을 정도입니다.

저는 명색이 대학교수인데도 고향에서 시제를 모실 때 '세 유차…' 와 같은 축문의 내용을 거의 이해하지 못합니다. 한국인의 언어생활은 이런 식으로 억지스러운 데가 있었던 것이 사실입니다. 이것은 신라에서 시작된 당나라화를 국책으로 한 언어정책의 전통입니다.

이러한 것은 그후 고려 · 조선시대가 되어 비록 고려어가 개성, 조선어가 서울 지역의 발음을 기준으로 했다고는 해도, 신라에서 비롯된 한문을 읽는 방법은 그대로 이어졌습니다. '한국어가 신라어 중심' 이라는 것에는 이러한 사실도 포함되어 있습니다.

일본인은 한자어를 자유롭게 다룬다

일본인은 처음 한자를 도입했을 때부터 한가지 음에 다양한 한자를 대응시켜서 미묘하게 의미를 바꾸어 나갔고 또한 하나의 한자에 다양한 독음을 부여했습니다. 마치 입 속에서 혀를 움직이는 것처럼 한자를 자유자재로 조종하며 새로운 한자단어를 계속 만들어냈던 것입니다.

한자의 중요한 특성은 조어능력입니다. 예를 들면 '天使, 順天' 과 같이 「天」 의 앞이나 뒤에 알맞은 한자를 하나 두는 것만으로도 새로운 말이 만들어집니다.

일본인은 사용할 수 있는 음의 범위가 좁았기 때문에 이 조어력(造語力)을 최대한 활용하여 '일본식 한자어' 를 만들었습니다. 일본어로는 「当て字」 라고 하는데 이것은 한자어로 일본어를 쓰는 것으로 한자의 음과 운을 적당히 사용하여 일본어를 표기하는 방식입니다. 예를 들면 「めちゃくちゃ(엉망진창)」는 '目茶苦茶', 「ちんぷんかんぷん(엉터리)」은 '珍糞漢糞', 「かわせ(환율)」는 '為替'와 같이 표기합니다.

일본에서는 지금도 계속해서 새로운 한자어를 만들어내고 있습니다. 예를 들어 어느 신문의 구인광고에는 다음과 같은 문구가 실려있습니다.

要細面談(상세한 것은 면접에서 상담합시다)

이 정도는 이해할 수 있지만

土日祝休他談応(토·일·공휴일은 쉼, 그 외 자세한 사항은 면접시 상담)

이 정도가 되면 한번에 이해하기는 어렵습니다. 일본어를 접한 적이 없는 한국인과 중국인들 중에서 이 문구를 바로 이해할 수 있는 사람은 없지 않을까요? 일본인의 이런 능력은 이미 왕인박사 시대 때부터 이어져 내려온 전통입니다.

19세기 조선과 중국이 서양문물을 앞에 두고 당황하고 있을 때 일본은 문명개화를 내걸고 서양문물을 탐욕스럽게 차례차례 수용했습니다. 특히 근대화 이후 문명, 문화, 과학, 화학, 철학, 통계, 온도 등 많은 학술용어가 한자어로 만들어져 한자의 본고장인 중국과 한국에까지 수출했습니다.

현재 중국에서 사용되고 있는 일본제 신조어는 약 2000개에 달한다고 합니다. 물론 이러한 것들은 한국에서도 사용되고 있습니다.

일본은 그간 기른 조어능력으로 근대 학술어를 만들어 중국과 한국에 역수출하였으며 한국은 한자음을 예전 그대로 유지하여 중국어 음운연구에도 공헌하는 결과가 된 것입니다.

IV-3. 음운 돌연변이

한·일어에는 인도·유럽어와 같은 음운법칙이 성립되지 않는다

한국은 신라 통일 이후 중국인처럼 일음일어(一音—語)를 원칙으로 하고 음운의 종류를 늘림으로써 늘어가는 어휘에 대응하여 한글 창제에 의해 다양한 한자음까지도 나타낼 수 있도록 했습니다.

그러나 일본인은 한자를 훈과 음으로 섞어 읽고 일본식 한자어(当字)와 국자(일본에서 만든 한자) 등을 활용하여 계속 늘어나는 어휘에 대응해 왔습니다. 또한 음표문자에 관해서도 만엽문자에서 출발하여 단순화에 힘을 쏟아 마침내 9세기 경 가타카나, 히라가나 등 여러 표음문자를 만들어냈습니다.

이러한 발전 양상의 차이가 거의 같았던 두 언어의 음운을 전혀 다른 것으로 만든 것입니다. 이러한 한·일어는 가깝고도 먼 언어가 되었다' 가 아니라 '같은 말이 달라졌다' 고 해야 올바른 것입니다.

'한글반절표' 와 '일본어50음도' 는 그 음운 차이를 한눈에 보여주고 있습니다(뒤편 부록 참조). 그것은 한·일어 사이에만 있는 특수한 일로 인도·유럽어가 겨우 30개 정도의 알파벳을 고대 이래 그대로 유지한 것과는 전혀 별개의 세계입니다. 근대 언어학은 '인도·유럽어는 하나의 조어(祖語)를 지니며 음운대응의 법칙이 성립한다' 에서 시작되어 마침내 '음운법칙에 예외 없다'고 할 수 있을 정도로 발달하였습니다. 그 영향을 받아 지금까지 대부분의 한·일어 연구자들은 두 가지의 상반된 결론을 도출하였습니다.

⑴ 한·일어간에서는 음운법칙이 성립하지 않기 때문에 한·일어는 동일계열의 언어가 아니다.

⑵ 한·일어에도 음운법칙이 있다. 고로 동일계통 언어이다.

⑴의 경우 신라어, 백제(고구려)어, 가야어를 구별하지 않은 데에서 발생한 오류입니다. 나아가 통일된 고대의 한국어와 일본어가 존재했다는 가정에서 출발하고 있습니다. 그리고 이 두 언어의 음운이 한자 도입방법의 차이로 크게 변화방향이 달라진 사실을 고려하지 않고 있는 것입니다. 신라어와 백제어에는 전혀 다른 낱말, 가령 가라어 '신'과 야마토어 「くつ」와 같이 별계통의 낱말이 있으며 그러한 부분에 대해서는 전혀 음운법칙이 성립되지 않을 밖에 없습니다. 또한 이들 별개 낱말이 '새우와 게' 현상과 같이 분열되거나 붙거나 했습니다. 신라어와 백제어의 공통된 말, 예를 들면 「배(ふね), 곰(くま)」 등에는 부분적으로 음운법칙이 성립되지만 전부 그렇다고는 할 수 없습니다. 또한 한·일어의 음운범위가 전혀 다릅니다. 예를 들어 일본어 「ちょ」 하나에 가라어에서는 복합적인 12개나 되는 음절에 대응하므로 정확한 대응법칙은 성립할 수가 없습니다.

⑵의 주장은 백제어와 가라어의 공통부분, 즉 부분적인 면만을 보고 있을 뿐입니다. 몇 개의 대응으로 전체를 판단하는 것은 오류입니다. 또한 한·일어에는 ① 모음충돌 피하기 ② 어두 'ㅅ(す)'의 된소리화 ③ '새우와 게' 현상 ④ 어두모음화와 ⑤ r(l)음의 불규칙 변화, 등의 돌연변이 현상이 있습니다. 이어서 이에 대해 설명하겠습니다.

모음은 충돌을 싫어한다

사람을 부를 때 또는 갑자기 무엇인가 생각할 때 무의식 중에 내는 소리에 '아야'가 있습니다. 일본사람은 기합소리로 '에이야(えいや)'라고도 합니다. 광복 직후 미군들이 yes를 흔히 ya라고 말하는 것을 보고 처음에는 이 친구들이 독일어(ja)를 하는가 싶기도 했습니다만 ye, ie(이, 애) 두 개의 모음이 ya로 자연스럽게 변한 것이지요.

한글 모음의 순서는 'ㅏ, ㅑ, ㅓ, ㅕ, ㅗ, ㅛ…'로 알파벳으로 나타내면 'a, ya, e, ye, o, yo…(y의 발음기호는 j)'입니다. 발음상 'y'가 번갈아가며 나타나는데 어디에도 그 이유에 대한 설명은 없습니다. 한글창제에 참여한 학자들도 별 생각없이 이렇게 하는 것이 자연스럽다 해서 그랬던 것 같습니다.

일본의 모음은 '아(あ), 이(い), 우(う), 에(え), 오(お)' 5개 밖에 없는데 그 사이를 세분화하면 'ya, yi, yu, ye, yo'와 같은 음이 나올 수 있습니다.

일본 야오야(八百屋-야채가게)는 원래는 「青屋」(a-o-ya)로 「青物市場(청물가게)」(a-o-mo-no-i chi-ba)라는 뜻입니다. 그런데 왜 일본어로 「八百屋」라고 할까요? 사실은 푸르다는 뜻의 일본어 「青(あお, a o)」에서 모음이 이어지면서 애매해지는 음을 구별하기 위해 「yaoやお」로 만든 것입니다.

알타이어 연구가이자 특히 한·일어 연구에 큰 영향을 끼친 람스테트(G. Ramstedt)는 한국어 '섬(syəm)'과 일본어 'しま(si-ma)'의 대응을 다음과 같이 설명했습니다.

"sima에서 i를 발음하면서 a를 의식함으로써 i가 변했다."

이것은 곧 'ima'에서 'm'이 소실되기 쉽고 모음충돌하기 때문에 'y'가 개입한 것을 말합니다. 대체로 이와 같이 'r, s, b, n' 등의 전후에 모음이 붙으면 'y, w'가 개입합니다. '가라(加羅)'가 '가야(伽倻)'가 된 것도 r이 있어 y가 개입해 ara가 aya로 변했기 때문입니다.

から kara → kaya かや

도쿄 근방 「熊谷」의 '谷'를 「がや ga-ya」라 읽습니다. 원래 가라어 '谷'은 '골' 입니다만 koru의 oru가 oya가 되어 이것이 koru-koya-gaya와 같이 변한 것입니다. 이런 경우가 많습니다.

예 : 가라어 '대야'는 원래 일본어로 「たらい ta-ra-i」인데 이것이 '대야'의 옛날 말입니다.

たらい tarai - teya 대야, 한국에서도 지방(강원도 · 경기도)에 따라 '다라' 라고 합니다.

어버이 oboi - oyaji おやじ 親父

아리(딴다) ari - aya あや 綾

나락 nara - wara 藁

빠르(다) baru - haru - haya はや 早

아리송 arisun - ayasii あやしい 怪

불 buru - boya ぼや 小火

갈(대) karu - kaya かや 茅

밤 bamu - bami - yami やみ 闇

쉬(다) sui가 yasumi やすみ 에 대응하는 것도 그 변화에 따른 것입니다.

한 · 일어 사이에서뿐만 아니라 일 · 한어 사이(다라 — 대야)에도 이와 같은 변화가 있습니다.

石 いし isi – iwa 岩 (돌, 바위)

彼奴 あいつ aitsu – yatsu やつ 奴(놈, 녀석)

遊 あそび asobi – yasumi やすみ(休)

어두 'ㅅ'은 된소리로 변한다

일본어 「した(下)」에 직접 대응하는 한국어는 없습니다. 가령 일본어 「天の下」는 '땅'을 뜻하는 것으로 우리말 '하늘 아래'와 완전히 일치하는 표현입니다. 그러나 '아래'와 「した(下)」는 다른 계통의 낱말입니다. '따 지'가 「つち(地, 土)」가 된 것을 앞서 설명했는데 원래 '따'는 시다(sita)에서 'i'가 빠지고 'ㅅ다'로 'sta'가 된 것인데 「した(下)」가 '아래'라는 뜻으로 일본어에 그대로 남아있습니다. 'ㅅㄷ'은 'ㄷ'을 강한 음으로 내는 소리이므로 'ㄸ'가 됩니다.

시다(sita) – ㅅ다(sta) – 따(tta)

　　│　　 i 탈락　　 ㄷ(t)의 된음화

した(下)

고대에는 이 'ㅅ' 뒤에 모음이 있었습니다. 가령 '쇠뿔soipur(舒弗)'에서 모음이 빠져 자음이 겹쳐진 것입니다. 한글창제 직후 어두에는 이와 같이 자음이 겹치는 경우가 많이 있었는데 한국어의 특성상 그 상태로는 발음될 수가 없었습니다. 특히 'ㅅ'이 붙는 경우는 叱分(숟 → 뿐), 舒弗(솔 → 뿔)'과 같이 그 뒤에 붙는 말을 된소리로 만들었습니다.

「만엽집」 중 동국지역 사람이 노래한 시에만 'sida(시다)'가 총 9번 등장하는데 다른 곳에는 없으므로 'sida(시다)'가 신라어였음을 알 수 있습니다(東國歌, 防人歌).

"나의 얼굴을 잊으실 때에는…(我が面を忘れむ時は…, 万 3515)"

時 sida - sada(me) さだ(め)(定:규칙, 운명)는 같은 말입니다. 이것은 신라어 '때' 로 변합니다.

시다(sida) – ㅅ다(sta) – 때(tte) 時

예:

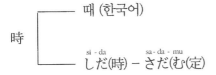

　　　┌───── 때 (한국어)

時 ┤

　　　└───── しだ(時) – さだ(む)(定)

　　　　　　　 si - da　　 sa - da - mu

　　　 ┌── ㅅ바(sba) – 빠(bba) 빠르다

시바 ┤

(siba) └── subayai すばやい(素早い)

즉 일본어에서는 'ㅅ' 즉 's'를 살려 고대어의 모습이 그대로 남아있습니다. 's'에 모음을 붙인 형태의 「す」는 뒤에 이어지는 낱말의 뜻을 강조하는데 현 일본어에는 「し」, 「さ」, 「す」가 붙은 말이 많습니다.

しおき – し+おき　　　　　벌을 주다, 심하게 다루다
さっぱり – さ+ぱり　　　　아주 시원하다
すめら – す+めら – 스+뫼　가장 높다 (스메라 천황)
すごい – す+ごい – 스+골　매우, 대단
すっかり – す+かり – 스+같이　완전히
すぐ – す+ぐ – 스+곧　　　　곧바로

すみ^{su-mi} – す^{su}+み^{mi} – 스+물　　　아주 맑은(물)
素肌^{su-hada}(맨 살), 素手^{su-de}(맨손)

일본어는 본래대로 「し」^{si}, 「さ」^{sa}, 「す」^{su}로써 된소리 역할을 하고 있는 것입니다.

된소리가 된 한국어 낱말과 「し」^{si}, 「さ」^{sa}, 「す」^{su}를 붙인 일본어는 전혀 달라 보이지만 한국어의 된소리화는 본래 그 뒤에 이어지는 낱말의 뜻을 강조하는 의미가 있었음을 보여줍니다. 한편 한국어에서도 된소리가 되지 않고 'ㅅ'음으로 남은 것도 있습니다. "새까맣다, 샛노랗다, 새빨갛다, 시퍼런, 숫하다, 숫처녀 …" 등은 'ㅅ'이 각각 '새, 시, 숫'이 된 것입니다. 필자는 이 사실을 깨닫고 한·일어의 음운대응이 일률적으로 성립할 수 없음을 새삼 느꼈습니다.

이것은 중국어 4성과 같은 역할을 합니다. 일본어 「し」^{si}, 「す」^{su} 등이 한국어의 된 음이 된 것은 중국음의 영향입니다. 중국어에는 사성(四聲)이 있어서 음이 다양합니다. 하나의 음절이 악센트의 위치에 따라 다른 음이 되는 것입니다. 한국어는 그것을 받아들여 'ㄲ, ㅆ, ㄸ'와 같이 된 음을 도입했으나 일본어는 그럴 수가 없어서 「し」^{si}, 「す」^{su} 등을 어두에 붙인 것입니다.

'새우와 게' 현상

새우와 게가 합쳐져서 가재가 될 수도 있고 반대로 가재가 분리되어 새우와 게로 서로 다르게 진화할 수도 있습니다. 낱말에서도 그와 같은 일이 있습니다.

① 새우+게 = 가재

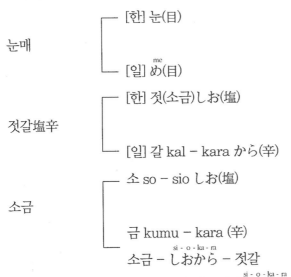

가마솥
　　┌─ [한] 솥, 가마(釜)
　　└─ [일] かま(釜) (ka-ma)

　현 가라어에서는 '가마솥'은 취사용 가마를 뜻하고 '가마'라 하면 일본과 마찬가지로 도자기를 굽는 곳이라는 뜻입니다. 또한 일본어 가마는 취사용 가마도 됩니다. 이들에게는 밑에 불을 지핀다는 공통점이 있는데 솥은 가마와는 별개 계통의 말이었을 것입니다.

　② 가재 → 새우, 게
　　가라어 '눈매'는 일본어 「目付き」(me-tsu-ki)에 해당합니다.

눈매
　　┌─ [한] 눈(目)
　　└─ [일] め(目) (me)

젓갈塩辛
　　┌─ [한] 젓(소금)しお(塩)
　　└─ [일] 갈 kal – kara から(辛)

소금
　　┌─ 소 so – sio しお(塩)
　　├─ 금 kumu – kara (辛)
　　└─ 소금 – しおから – 젓갈 (si-o-ka-ra)

　소금과 젓갈은 같은 말이었으며 일본어 「しおから」(si-o-ka-ra)에 대응하고 있습니다.
　가라어 '손때'는 일본어 「手傳」(te-tsu-da-i)로 함께 일을 해주는 것인데 다음과 같이 둘로 나뉩니다.

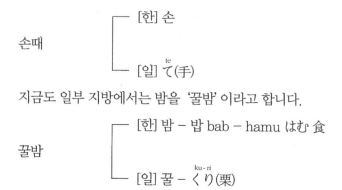

손때

> [한] 손
>
> [일] て(手) ^te

지금도 일부 지방에서는 밤을 '꿀밤' 이라고 합니다.

꿀밤

> [한] 밤 – 밥 bab – hamu はむ 食
>
> [일] 꿀 – くり(栗) ^ku-ri

일본어는 색깔모자를 좋아한다

마치 색깔모자를 쓰는 것처럼 일본에서는 어두가 모음이 되면 왠지 부드러운 느낌이 들고 정중하게 들립니다. 이것이 일반화하면 어두 모음화 현상이 됩니다.

(例) 밝(다) baku – aku – aka あか

바위 bawi – awi – iwa いわ(岩)

발 baru – asi あし(足)

멋 mot – mosi – o+mosi おもし(おもしろい)

한국에서는 높은 사람에게만 쓰는 특별한 말이 있었습니다. 조선시대에 왕에게만 사용하던 말로 「어전(御前), 어명(御命), 어사(御使)」 등이 있었는데 '御'를 잘못 사용하는 날에는 목이 날아갔습니다. 이와 관련된 재미있는 이야기가 있습니다.

반면 일본은 상하 구별이 엄격하여 말씨에도 그것이 반영되었기 때문에 그리 높지 않은 사람에게도 왕을 대하듯 말합니다. 일본에서는 보통 사람도 「御言葉(말씀) ^o-ko-to-ba, 御使い(심부름) ^o-tsu-ka-i, 御前(당신) ^o-ma-e」 등 '御'를 일상적으로 쓰고 있습니다. 이러한 것은 나은 편이지만 「お

ちんこ(자지의 유아어에 お가 붙음)」나「おしっこ(오줌의 유아어에
お가 붙음)」에 이르면 놀리는 것 같고 불경죄에라도 걸릴 것 같습
니다. 도쿄에서 어느 한국사람이 'ごぜんさま(御前様)'라는 일본사
람을 소개받고는 깜짝 놀랐습니다. '우와, 왕?'이라고 생각했으나
알고 보니 밤 늦게까지 술을 마시고 오전 중에는 자는 사람을 놀리
는 말이었더라고 합니다.

　저는 키워드로써 일본인을「かしこいの民(황송해하는 또는 가
외(可畏)의 민족)」이라고 부르는데 그 이유는 일본인들이 금새 황공
해하기 때문입니다.　옛날 사람들은 대부분 천황이 존재하는 것조
차 모르고 지냈습니다. 그러나「御殿様(영주님), 御主人様(주인님),
御客様(손님)」등 자신보다 높은 사람들이 도처에 있었기 때문에
공손하게 하는 것이 몸에 베어 거의 모든 것에 '御'를 붙인 것입니
다. 어느 저명한 일본학자의 책에 다음과 같은 글이 있었습니다.

　유학생 : 왜 일본어는 명사에 'お'를 붙입니까?

　교수 : 그것은 정중어(겸양어)이기 때문이지.

　유학생 : 그럼 'お釣り거스름돈'는 누구에 대한 정중어입니까?

　* お釣り는 손님이 가게주인에게 쓰기도 하고 손님끼리 쓰기도 하는 말입니다.

　교수 : …

　이처럼 일본어의 대가도 왜 일본어에「お」가 붙는지 설명할 수
없는데 사실인즉「お釣り(거스름돈)」는 한국어 '우스리'입니다.

　우스리 usuri – otsuri おつり(お釣り)

r, l 음의 불규칙성

인구어와 한·일어는 전혀 다른 언어이지만 인간의 신체조건에서의 언어로 다름이 없으며 음성의 범위도 거의 같습니다. 가령 엄마·아빠와 같은 유아어는 mama, papa 로 거의 같습니다. 대국적으로 말하면 음운의 변화과정도 인류 공통의 부분이 있다고 할 수 있습니다. 인구어의 b-h-f와 같은 그림(Grimm) 법칙의 거의 대부분이 한·일어의 대응법칙에도 포함됩니다. 다만 한·일어 사이의 음운범위의 엄청난 차이 때문에 그만큼 다양한 음운변화가 생겨난 것입니다. 원래 한·일어에는 공통적으로 r, l의 구별이 없어 rice(쌀)와 lice(이)를 혼동하며, 어두에 r음을 가져오지 않습니다.

예 : 러시아를   おろしや (일)
　　　　　　　　o‑ro‑si‑ya

　　　아라사   (한)

이것는 원래 한·일어에 r, l음이 없었으며 후에 등장했음을 시사하고 있는 것입니다. 그래서인지 이 두음은 거의 마음대로 변합니다.

예 : r – g – t

　보리(밀) bori – むぎ麥 mugi – もち餅 mochi

　발 baru – はぎ脛 hagi

　사라지(다)(消) sara — すぎ(過)る sugi

이와 같이 가라어의 어미에 붙는 r, l은 한글받침 'ㄹ' 과 일본어 'ら' 행에 해당하는 것으로 다양하게 변화합니다. 요컨대 't (ti-chi), d, s(z), n, m, g' 가 되거나 소실되는 경우도 있습니다. 말하자면 가라어 'ㄹ' 인 r, l은 거의 모든 자음으로 변합니다. 이래서는 인도·유럽어와 같은 일정한 법칙은 성립할 수가 없습니다.

[r – chi, z]

예 : 벌 → はち hachi 蜂

들 → たち tachi 達

살 → さち sachi 矢, 幸

울 → うち uchi 內

물 → みず mizu (r → z)

재미있는 것은 일본어 '村' 와 '町' 가 둘 다 '마을' 에 대응하는
점입니다.

$$
\text{마을 maul} \begin{cases} \text{むら mura 村} \\ \\ \text{まち machi 町} \end{cases}
$$

[r – s]

발 – あし(足)

baru – hasi – asi(足)

hasi(橋) – hasira(柱)

* 받치는 것은 모두 '발' 에서 파생된 말입니다.

살(고기) – sasi さし

벌레 – musi むし

별 – hosi ほし

일본어끼리도 r – s

矢張 やはり yahari – やっぱし yatsupasi – 역시 yaksi

h – k

2음절의 ㄹ(r, l) 소실

(例) 구름 kurum – kumo くも 雲

삶 salmu – sumu すむ 住

씨름 sirumu – sumou すもう(相撲)

또한 소실되지 않고 m음이 되는 경우도 있습니다. r –m

갈매(기) karume(gi) – kamome かもめ 鴎

이리 iri – inu いぬ 犬(r→m→n)

한·일어에 언어연대학 이론은 성립되지 않는다

이제까지 살펴본 것처럼 한·일어의 불규칙 변화는 서구언어
학의 음운법칙을 크게 벗어납니다. 특히 생물학의 진화나 탄소동위
원소의 일정한 변화와 같이 모든 단어가 일정기간 동안 정해진 방
향으로 변화하는 것을 전제로 한 언어연대학(言語年代學)*이론이
성립되지 않습니다.

지금까지 얼마나 많은 우수한 언어학자들이 안타깝게도 잘못
된 가정, 즉 한·일어 사이에도 '음운법칙이 존재한다'는 것을 믿
고 한·일어는 별개 계통(백제어와 신라어)의 낱말이 있는 것도 모
르고 그것을 찾느라 고생한 것은 이루 헤아릴 수 없습니다. 예를 들
어 언어연대학 공식을 이용하여 두 언어가 분리된 연대를 찾는 방
법을 연구한 학자가 있습니다. 핫토리 시로(服部四郎) 교수 등은 그
것을 이용해서 처음에는 한·일어가 나뉘어진 시기를 1만년 전이
라 계산하였지만 너무 심하므로 공식의 수치를 일부 수정함으로써
5,000~6,000년이라 하고 있습니다. 10,000년이 단숨에 5,000년
으로 바뀐다면 이미 학문도 아닙니다. 언어연대학 또한 음운법칙의

존재를 전제로 하기 때문에 한·일어 사이에 성립되지 않는 것이 당연합니다.

　한·일어의 관계는 정치문화와 마찬가지로 '가깝고도 먼' 특수한 것입니다. 가까웠던 것이 왜 멀어졌는지 역사적 이유와 동일 계통어를 중심으로 대응어 사이의 관계를 생각하는 것 이외에 대응관계를 알 수는 없는 것입니다.

IV-4. 총정리

한 · 일 대응어를 찾아내는 방법

한 · 일어에서 단어의 대응관계를 조사할 때는 다음 사실을 염두에 둘 필요가 있습니다. 대국적인 시야로 보자면 한 · 일어는 거의 공통조어를 가지고 있다고 할 수 있습니다. 그러나 한반도어는 남방계와 북방계 또는 중국계 등의 여러 언어가 융합하여 일본으로 건너간 것이므로 같은 계통의 낱말 사이에는 정확한 법칙은 아니지만 확률적 대응이 성립됩니다.

1. 지금까지 설명한 바를 정리하면 대응관계는 다음의 경우를 생각할 수 있습니다.

ⓐ 모음변화를 한다. 한 · 일어 사이에서뿐만 아니라 한국어 또는 일본어 내에서도 모음변화가 일어난다.

ⓑ 일본어는 어두 모음화 경향이 있다. 일본어 어두는 확률적으로 자음 탈락이 되거나 모음이 붙는 경향이 있다.

ⓒ 청음이 탁음으로 변하기 쉽다.

$k \rightarrow g$ (カ행→ガ)

$s \rightarrow z$ (サ행→ザ)

$t \rightarrow d$ (タ행→ダ)

$f, h \rightarrow p, b$ (ハ행→パ, バ)

ⓓ $k \rightarrow h$ (カ행→パ)

$k \rightarrow s$ (ハ행→サ)

2. 다음과 같은 돌연변이가 나타납니다.

(a) 모음충돌하기 쉬운 경우로서 r, n, b, s의 전후에 모음이 붙으면 y, w로 변하는 경우가 많다. (〈모음충돌과 돌연변이〉 참조)

(b) '새우와 게' 현상

① 하나의 낱말이 두 개로 갈라진다. 또는

② 두 개의 낱말이 하나로 합쳐진다.

(c) r과 l은 매우 불규칙적으로 변한다.

동류어로 대응을 찾는다

앞장의 음운관계를 적당히 결합하면 개별적인 음운대응보다도 동류어간의 대응이 중요한 방법이 됩니다. 예를 들어 「力」^{ka}는 여러 가지 의미가 있지만 특히 동류어로 생각하면 대응하는 것이 명백해집니다. 가라어 '가'는 야마토어 「は(端)」에 대응합니다. 한·일 동류어는 다음과 같습니다.

가라어   야마토어

가   は^{ha}

             (葉,刃,歯)는 각각 나무, 칼, 입의 가에 있다.

             동사는 生える^{ha-e-ru}(나다)

가셍(이)   가장자리

             이것은 그대로 일본어 「かし」^{ka-si}에 대응하거나

             「はじ」^{ha-ji}가 되기도 한다.

'치사하다, 속임수를 걸다'는 뜻의 일본어 「いんちき」^{i-n-chi-ki}는 얼핏 생각하기에 최근에 만들어진 말 같지만 사실은 에도시대 중기의 수필에도 나오며 원래는 '미끼를 꿰지 않은 낚시'를 일컫는 것으로

이에 해당하는 가라어는 '엉터리' 입니다. 같은 종류의 낱말을 살펴 봅시다.

엉터리ontori – inchiki いんちき

o – i, 음운변화로 보아 대응할 가능성이 있습니다.

r – k
o - to - ri
엉터리 – おとり(囮)

i n - chi - ki
옛날옛적에는 '엉터리'와 「いんちき」는 공통의 조어(祖語)를 가 졌을 것으로 생각됩니다.

세련되어지는 일본어

wa - za - u - ta
「わざうた(풍자시)」나 『만엽집(万葉集)』에도 아직도 풀리지 않 은 난해한 시들이 적지 않게 있습니다. 이러한 시들은 일본어가 하 나로 수렴되는 과정에서 필연적으로 발생한 것들이었습니다. 수수 께끼와도 같은 이러한 시는 『고금집(古今集)』(905년 성립) 시대에 들어서면서 거의 사라지게 됩니다. 일본어의 통합이 완성된 것입니 다.

wa - za - u - ta
이 「わざうた」가 유행할 당시에 이것과는 대조적이었던 노래 가 있습니다.

" 니기타 항구에서 배를 타려고 달을 기다리고 있노라면
사리(물 때)도 맞았으니 이제 떠나자
熟田津に船乗りせむと月待てば潮もかなひぬ
今は漕ぎ出てな(万8)"

이 노래의 작자는 천황의 측근인 누가타오(額田王)(7세기 말 여 류가인)로, 말하자면 일본해군이 진주만 기습을 앞두고 연주한 군

니기타 항구의 시: 만요가나(万 葉仮名)로 씌어진 니기타 항구 (熟田津)의 시

216

함행진곡과도 같은 것입니다. 「わざうた」와는 전혀 다른 격조있는
작품으로 여기에 나오는 낱말들은 모두 가라어에 대응하며 완벽하
게 해석할 수 있습니다. 이 무렵(663년) 궁중에서는 이미 세련된 시
구가 지어지고 있었던 것입니다. 이들 낱말은 대부분이 한반도어
(아마도 백제어)와 대응됩니다.

熟 にぎ nigi – igi 익히(다), 익(다)

船 ふね fune – be 배

乘 のる noru – oru 오르(다)

月 つき tsuki – toki 토끼

待 まつ matsu – maji 맞이(하다)

潮 しお sio – sari 사리

叶 かなひ kanahi – kahu – kab 값, 제대로 맞다

今 いま ima – iman 이 맘(때)

漕 こぐ kogu – cho 젓(다)

出 で de – to 뜨(다)

아가다(額田)와 사이메이(齊明)의 심경은 제2차 대전의 막을 열
해군 사령관의 출격명령과 같이 비장한 것이었을 것입니다. 백제를
향한 출격 또한 진주만 기습 때와 같은 상황이었습니다. 「わざう
た」와 아가다의 노래를 비교하면 그 당시 궁중의 말과 서민의 말
사이에는 많은 차이가 있었음을 느낄 수 있습니다.

이와 같이 고대 일본어는 변화해 왔습니다. 무엇보다도 눈에 띄
는 것은 이 시기를 중심으로 일본어의 음운이 변화한 것입니다. 8
세기에 들어서면서부터 갑자기 일본어의 모음은 4개에서 8개가 되
었고 9세기 후반에는 5개로 정착됩니다.

"8세기에는 8개의 모음이 있었다고 하니 세월을 더 거슬러 올라가면 모음이 더 많아질 것 같지만, 그 전에는 4개의 모음만이 있었으며 9세기 후반에는 5모음으로 감소했다"- 大野晋 『日本語는 어떻게 성립되었는가』에서

신라통일로 백제, 고구려가 망하자 한반도 각지의 사람들이 대거 일본으로 건너가면서 새로운 음운이 편입되고 그후 백제어에 수렴되는 과정에서 9세기 후반에는 5모음으로 정착되었음을 시사하고 있는 것입니다.

왜국의 수도에 도달하기까지 여러 차례의 통역을 거칠 필요가 있었던 시대(3세기 경)에서 점차 그것이 융합되어가는 과정이 위와 같은 모음변화 과정에서도 명확히 보이는 듯합니다.

한·일어의 음운표

삼국시대의 한국어 발음

	ㄱ	ㄴ	ㄷ	ㄹ	ㅁ	ㅂ	ㅅ	ㅇ	ㅈ	ㅎ
	k,g	n	t,d	r,l	m	p,b	s	무음	t	h
ㅏa	가	나	다	라	마	바	사	아	자	하
ㅓə	거	너	더	러	머	버	서	어	저	허
ㅗo	고	노	도	로	모	보	소	오	조	호
ㅜu	구	누	두	루	무	부	수	우	주	후
ㅣi	기	니	디	리	미	비	시	이	지	히

(출전: 『삼국시대의 이두연구』 (과학백과사전 출판부), 평양, 조선1983)

가나 **アイウエオ**

ア	イ	ウ	エ	オ
カ	キ	ク	ケ	コ
サ	シ	ス	セ	ソ
タ	チ	ツ	テ	ト
ナ	ニ	ヌ	ネ	ノ
ハ	ヒ	フ	ヘ	ホ
マ	ミ	ム	メ	モ
ヤ		ユ		ヨ
ラ	リ	ル		ロ
ワ				ヲ
ン				

(「ン」는 10세기 이후에 등장)

AD 7세기 이전 삼국시대까지의 한국어와 현 일본어의 음운 종류에는 그다지 차이가 없었음을 시사하고 있습니다.

한글 발음표

子音 / 母音	ㄱ	ㄴ	ㄷ	ㄹ	ㅁ	ㅂ	ㅅ	ㅇ	ㅈ	ㅊ	ㅋ	ㅌ	ㅍ	ㅎ	ㄲ	ㄸ	ㅃ	ㅆ	ㅉ
	k,g	n	t,d	r,l	m	p,b	s,	無音	tʃ,dʒ	tʃ	h	kh	th	ph	h	k't	'p	'S	tʃ'
ㅏ a	가	나	다	라	마	바	사	아	자	차	카	타	파	하	까	따	빠	싸	짜
	カ	ナ	タ	ラ	マ	パ	サ	ア	チャ	チャ	カ	タ	パ	ハ	(ッ)カ	(ッ)タ	(ッ)パ	(ッ)サ	(ッ)チャ
ㅑ ya	갸	냐	댜	랴	먀	뱌	샤	야	쟈	챠	캬	탸	퍄	햐	꺄	땨	뺘	쌰	쨔
	キャ	ニャ	ティャ	リャ	ミャ	ピャ	シャ	ヤ	チャ	チャ	キャ	ティャ	ピャ	ヒャ	(ッ)キャ	(ッ)ティャ	(ッ)ピャ	(ッ)シャ	(ッ)チャ
ㅓ ə	거	너	더	러	머	버	서	어	저	처	커	터	퍼	허	꺼	떠	뻐	써	쩌
	コ	ノ	ト	ロ	モ	ポ	ソ	オ	チョ	チョ	コ	ト	ポ	ホ	(ッ)コ	(ッ)ト	(ッ)ポ	(ッ)ソ	(ッ)チョ
ㅕ yə	겨	녀	뎌	려	며	벼	셔	여	져	쳐	켜	텨	펴	혀	껴	뗘	뼈	쎠	쪄
	キョ	ニョ	ティョ	リョ	ミョ	ピョ	ショ	ヨ	チョ	チョ	キョ	ティョ	ピョ	ヒョ	(ッ)キョ	(ッ)ティョ	(ッ)ピョ	(ッ)ショ	(ッ)チョ
ㅗ o	고	노	도	로	모	보	소	오	조	초	코	토	포	호	꼬	또	뽀	쏘	쪼
	コ	ノ	ト	ロ	モ	ポ	ソ	オ	チョ	チョ	コ	ト	ポ	ホ	(ッ)コ	(ッ)ト	(ッ)ポ	(ッ)ソ	(ッ)チョ
ㅛ yo	교	뇨	됴	료	묘	뵤	쇼	요	죠	쵸	쿄	툐	표	효	꾜	뚀	뾰	쑈	쬬
	キョ	ニョ	ティョ	リョ	ミョ	ピョ	ショ	ヨ	チョ	チョ	キョ	ティョ	ピョ	ヒョ	(ッ)キョ	(ッ)ティョ	(ッ)ピョ	(ッ)ショ	(ッ)チョ
ㅜ u	구	누	두	루	무	부	수	우	주	추	쿠	투	푸	후	꾸	뚜	뿌	쑤	쭈
	ク	ヌ	トゥ	ル	ム	プ	ス	ウ	チュ	チュ	ク	トゥ	プ	フ	(ッ)ク	(ッ)トゥ	(ッ)プ	(ッ)ス	(ッ)チュ
ㅠ yu	규	뉴	듀	류	뮤	뷰	슈	유	쥬	츄	큐	튜	퓨	휴	뀨	뜌	쀼	쓔	쮸
	キュ	ニュ	ティュ	リュ	ミュ	ピュ	シュ	ユ	チュ	チュ	キュ	ティュ	ピュ	ヒュ	(ッ)キュ	(ッ)ティュ	(ッ)ピュ	(ッ)シュ	(ッ)チュ
ㅡ ω	그	느	드	르	므	브	스	으	즈	츠	크	트	프	흐	끄	뜨	쁘	쓰	쯔
	ク	ヌ	トゥ	ル	ム	プ	ス	ウ	チュ	チュ	ク	トゥ	プ	フ	(ッ)ク	(ッ)トゥ	(ッ)プ	(ッ)ス	(ッ)チュ
ㅣ i	기	니	디	리	미	비	시	이	지	치	키	티	피	히	끼	띠	삐	씨	찌
	キ	ニ	ティ	リ	ミ	ピ	シ	イ	チ	チ	キ	ティ	ピ	ヒ	(ッ)キ	(ッ)ティ	(ッ)ピ	(ッ)シ	(ッ)チ

한글

한글은 자음요소와 모음요소가 합해져서 구성됩니다. 예를 들면 'ㄱ'과 'ㅏ'가 합쳐져 '가'가 만들어지며 음은 「が」에 대응합니다. 마찬가지로 'ㄷ'과 'ㅗ'가 합쳐져 '도'가 구성되며 그 음은 「と」나 「ど」또는 그 중간 음에 해당합니다. 그 음은 사람에 따라 미묘하게 다르기도 하고 '도'가 어두에 오느냐 그렇지 않느냐 등의 조건에 따라 달라지기도 합니다.

합성모음 ㅐ´ ㅒ´ ㅔ´ ㅖ´ ㅘ´ ㅚ ㅝ´ ㅞ´ ㅟ ㅢ

6개의 음 '거, 커, 꺼, 고, 코, 꼬'는 「コ」하나에만 대응되며, 12개의 음 '저, 처, 쩌, 져, 쳐, 쪄, 조, 초, 쪼, 죠, 쵸, 쬬'는 「チョ」하나에만 대응합니다.

에필로그

한·일어는 고 몽골로이드, 남방계, 알타이계 그리고 중국어의 요소가 섞여 있으며 그 흔적은 낱말이나 문법에서도 확인할 수 있습니다. 또한 낱말을 증식해 가는 패턴이 거의 같으며 지금까지 보아온 것처럼 낱말 사이의 대응은 동류어 사이의 관련성에서 판단하는 것이 효과적입니다.

특히 문법은 완전히 일치하면서도 음운의 양은 30대 1로 전혀 다릅니다. 요컨대 형태론적·의미론적 그리고 구문론적으로는 같고 음운론적으로만 전혀 다른 '가깝고도 먼 관계' 아니 '같은 것이 달라진 관계' 라 하는 것이 옳을 것입니다. 전 세계에는 약 3000개 정도의 언어가 있다는데 이처럼 이상한 두 언어가 더 있을 것 같지 않습니다. 어쩌면 한·일 관계는 세계의 기적이라고도 할 수 있는데 더욱 이상한 것은 지금까지 그토록 많은 학자들이 이 특이한 언어현상에 대해서 거의 연구대상으로 삼으려 하지 않았던 것입니다.

가령 인도·유럽어는 한·일어와 정반대로 음운이나 단어 면에서 가깝고 문법은 크게 다릅니다. 그리스어·라틴어·산스크리트어는 분명히 문법도 낱말도 다른 언어입니다. 심지어 영어와 러시아어는 전혀 공통 부분이 없는 것처럼 보입니다. 그러나 W. 존스(W. Jones 1746~1794) 이래 거의 모든 언어학자가 이들이 하나의 언어에서 나왔음을 의심치 않았는데 '일본어의 계통은 알 수 없다'고 서슴없이 공언하는 학자가 많은 것은 정말 이상합니다. 한·일어의 연구가 한 · 일의 역사 · 문화에 관한 지식이 없던 서양인이 시작한 탓도 있으나, 그 뒤를 이은 한 · 일 학자의 태도 또한 서구 언어학자와 다를 바 없었습니다.

그간 많은 학자들이 한 · 일어 낱말의 대응에 대해 여러 각도에서 연구했고 상당한 성과가 있었던 것도 사실이지만 "왜 이토록 다른 언어가 되었는가?"라는 근본적인 문제가 해결되어야만 낱말 또는 음운의 대응관계도 제대로 알 수 있을 것입니다.

이 문제에는 단순한 언어적인 문제만이 아닌 역사, 문화 특히 교류관계, 그리고 국민적인 가치관 문제, 정서 등이 얽혀 있는 것입니다. 필자가 밝힌 한 · 일어가 갈라진 이유는 무엇보다 "한자어를 수용하는 태도의 차이에서 나왔다" 는 결론입니다. 다른 문화현상에 대해서도 마찬가지로 한 · 일의 문화, 국민성 등의 멀고도 가까운 관계는 "중국문화(주로 유교)를 받아들이는 태도와 언어정책의 차이에 있었다." 고 말할 수 있습니다.

강은 도도히 흐르고 현대인은 그 흐름만을 보고 사는데 그 원류를 더듬어 올라갈 때 엄청난 지(知)의 보고를 발견할 수 있음을 실감했습니다.

부록 ①

수(数)에 대해

가라어 '가지'가 동사화해 일본어 「かぞえる」가 되었다고 생각됩니다. 그러나 오노 스스무(大野晉) 교수의 설은 다소 다르며 다음과 같습니다.

"즉 손가락의 「수(数)」를 맞추는 데에서 나왔을 것으로 생각된다. 예를 들면 「7」을 「세는」 것은 한 손의 「5」와 다른 손의 「2」라는 수를 합한다. 여기서 세다는 뜻의 일본어 동사 「かぞえ(数え)」의 어원을 생각해보면,

kazu(数) + ae(合え, 맞추다) → kazuae → kazoe(数え;세다)

라는 변화가 발생한 것으로 여겨진다" (『일본어는 어떻게 성립되었는가』).

신무라(新村出) 교수는 『삼국사기』만을 참고로 3, 5, 7, 10에 관해서는 일본어와 고구려어(백제어)의 연관성을 생각했습니다만 그 외의 수사에 대해서는 언급이 없었습니다. 그러면 그 외의 수사는 어땠을까요? 그 내용을 생각해봅시다.

11세기 중국 송의 외교관이 당시 고려 수도의 말을 기록한 『계림유사』에는 당시의 기초 수사가 소개되어 있습니다.

[1] 1은 이두(吏読)로 '하도(河屯-또는 하두, 하돈)'라고 씌어 있습니다.(『계림유사』)

河屯 하도 hado – hato – hito(tsu) ひと(つ) * 하돈일 경우 n탈락

d–n ｜ ｜ ｜

하나 hana はな ｜ hitosi 。ひとしい(等), 같다

hatsu はつ(初) – hatsu + me – hajime はじめ(始)

hana는 한·일 공통으로 '1'

뒤에 붙는 '目'는 오늘날 첫 번째라는 뜻의 일본어 「一番目」의 '目' 입니다. 「始める(시작하다)」는 이것의 동사형입니다. 이와 같이 일본어에는 「はつ(初)」가 붙는 단어는 적지 않습니다.

はつ(初) + はな花) = はつはな 첫 꽃

はつ(初) + しごと(初仕事) = はつしごと 첫 일

일본에는 「初(はな)から始める(처음부터 시작하다)」 라는 말이 있습니다. 「はな」는 말 그대로 '하나' 즉 1임이 명확합니다.

종종 갓 일본어를 배우기 시작한 학생들이 'おなじが 한가지(같은 것이 한가지다)' 라는 농담을 합니다. 과연 그럴듯합니다.

한가지 hankaji – honkaji – onaji おなじ

가지 kaji는 종류이기도 합니다.

[2] 고대 한반도에서 일본열도로 향하는 배는 대부분 대마도(対馬)를 경유했습니다. 일본에서는 「対」를 「つい」 라고 읽습니다만 실제로 대마도는 2개의 섬이 짝을 이루고 있습니다. 「つしま(対馬)」는 'つい' 의 'い' 가 떨어진 것입니다.

一対 (いっつい) , 동물의 암수 한 쌍은 「つがい(番)」

「つ」는 한국어 '둘' 과 관련이 있습니다.

둘 toru – tu – tsu つ, 입성음 'ㅅ', 'ㅆ' 이 'ㄹ' 로 변하는 것은 한·일공통

보기: ひとつ(hitotsu) – ひとり(hitori)

ふたつ(hutatsu) − ふたり(hutari)

tsu − ri

고대의 2는 '돗'으로 그것이 변하여 '둘'이 된 것으로 보입니다.

농촌의 공동작업 '두레'도 '둘'에서 나온 것으로 일본어 「つれ(連れ)」는 '함께'라는 뜻이 됩니다. (들 − つれ)

그러면 일본어 「ふたつ」는 어디서 온 것일까요?

『계림유사』에는 2는 '도패(途孛)'로 기록되어 있습니다. '도패'는 '둘+패'인데 '도'와 '패'가 결합한 것입니다.

途 + 孛 = 도 + 패 = つぺ : '도'에 「ペ」가 붙은 것으로 '対(도 · 두)가 붙었다'는 뜻입니다.

'패성 孛星 − ほうき星(혜성)'으로 '패(孛)'는 붙(다)입니다.

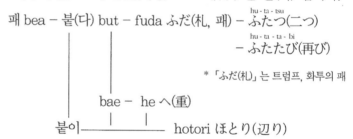

패 bea − 붙(다) but − fuda ふだ(札, 패) − ふたつ(二つ)
  − ふたたび(再び)

* 「ふだ(札)」는 트럼프, 화투의 패

bae − he へ(重)

붙이 ──────── hotori ほとり(辺り)

그리하여 일본어 「ふたつ, 再, 重(へ)」는 모두 같은 뿌리를 가진 낱말입니다. 또한 二重, 八重의 'え(へ)'도 '패'입니다. '패'의 변화는 미묘합니다.

'패'와 '배'는 일본어에서는 거의 같은 음입니다. 한 · 일어 사이에는 위에서 본 바와 같이 'ㅂ−ㅍ−ㅎ' 변화는 흔히 볼 수 있습니다.

b − h − f 의 변화의 보기

배(bae) ┌ hara − はら 腹

```
└─ fune – ふね 船
   hea – へ(さき) 舳先,重
```

요컨대 고려시대의 2인 '도패' 의 '도' 는 일본어 「つ(対)」 이며,

'패' 는 「へ, ふだ, ふたつ」 또는 한국어 '붙(다)' 에 대응합니다.
(he) (hu-da) (hu-ta-tsu)

즉,

```
途孝          ┌─ 途 도 – 둘(カラ語の2) – 또는 づ(対)
(도패)         │
              └─ 孝 패(へ) – ふ – ふた(日本語の2),
                      (he)   (hu) (hu-ta)
                  │     ふたつ(二), ふたたび(再)
                  │    (hu-ta-tsu)  (hu-ta-ta-bi)
                  붙
```

이것은 두 개의 낱말이 붙거나 하나의 낱말이 둘로 갈라지는
'새우와 게' 현상입니다. 일본어에서는 「池のほとり(연못 가)」,
(i-ke-no-ho-to-ri)
「町のほとり(마을 가)」 라는 표현이 있습니다. 'ほとり' 도 '가까이',
(ma-chi-no-ho-to-ri)
'붙은' 의 뜻으로 붙이 buti – hotori ほとり (변두리) 입니다.

[3] 셋과 みつ
        (mi-tsu)

고구려의 3이 '미(密)' 이며 일본어에 그대로 대응한다는 것은
신무라 교수가 지적한 바와 같습니다만 그 당시의 신라어는 현 가
라어 '셋' 에 더 가까운 것이 『삼국사기』 에 기록되어 있습니다. 강원
도 삼척(三陟)의 옛 지명은 悉直(실직)으로 3이 곧 '悉(시)' 가 '三' 이
었던 것입니다.

이것은 505년 신라통일 이전에 붙여진 이름입니다. 이 사실은
3에 관해 신라어(시:悉)와 백제어(미:密)가 명확하게 달랐음을 나타
내고 있는 것입니다. 또 일본내의 사이쿠사(三枝)라는 지명도 신라
인이 주로 살던 아즈마(東國)에만 있습니다.

[4] '넷'과 「よつ」의 관계

넷 net – netsu – yotsu よつ

n→y 가 되는 예는 적지 않습니다.

(예)　네모 nemo – yomo よも(四方)

　　　눈 nun – yuki ゆき(雪)

　　　누리 nuri – yo よ(世)

　　　나이 nai – yoai – yowai よわい(齢)

　　　여름 yorumu – natsu なつ

고대 한·일 공통조어에 nyo에 가까운 음이 있었으며 그것이 no 와 yo로 갈라진 것입니다. 일제시대 저의 초등학교 시절에는 『만엽집』을 「まんによう」라 배웠던 것이 최근에는 「まんよう」로 바뀌었습니다. 일본어 간에도 'nyo → yo'로 불과 몇 십년 사이에 변화했음을 볼 수 있습니다.

[5] 『삼국사기』 「지리지」에는 옛 지명 '于次忽(우차홀)'을 '五谷郡(오곡현)'으로 바꿨다는 기록이 있습니다. 즉, 옛날에는 5가 '우차(于次)'였던 것입니다.

　　　우차 ucha – icha – itsu(tsu) いつつ(語)

[6] '여섯'과 「むつ」의 관계

　　　여섯 yosot – yusu – mutsu むつ

y→n이며 또 n – m에서 y→m이 되지만 직접 y→m의 예도 많습니다.

　　　여러 yoro –moro もろ(諸), いろ(色)

　　　여러 분 yorobun – mina みな(皆さん)

한국어 '여러모로'의 '여러'는 일본어 「いろいろ」이며 '모'는

'각도 또는 방면', '로'는 조사입니다. 따라서 '여러모로'란 '다양한 각도로'를 뜻합니다.

[7] 『삼국사기』 「지리지」에는 옛 지명 '難隱別(난은별)'을 '七重縣(칠중현)'으로 한다는 기록이 있습니다. 즉 옛날에는 7이 '난(難)'이었던 것입니다.

[8] '여덟'과 「やつ」의 관계

　　　여덟　yodoru – yadatsu – yatsu やつ

　　　　　　　o – a 모음변화

일본의 야채가게 「やおや(八百屋)」는 'や+お+や'입니다. 처음 「や」는 '8(やつ)', 「お」는 고대 가라어 100을 뜻하는 '온'입니다.

[9] 『계림유사』는 9를 '아호(鴉好)'라 기록하고 있습니다.

　　　'아호'를 일본어로 읽으면 「がこ」가 되며 「gako – koko ここ」에 대응합니다.

　「がこ」는 그대로 현 일본어 「ここのつ」가 됩니다.

```
                ┌─ 아홉 : 현 한국어
                │
鴉好(aho) ───────┤
                │   ga-ko    ko-ko    ko-ko no-tsu
                └─ がこ  －  ここ  －  ここ(のつ)
```

신무라 설의 3, 5, 7, 10의 경우도 합해서, 1에서 10까지의 모든 수사가 '공통조어'를 갖고 있습니다. 이 사실은 대부분의 일본열도 어가 어떠한 형태로든 고대 한반도어의 어원을 가졌음을 보이고 있습니다. 물론 한 · 일어가 나뉘어진 후 서로 독자적으로 만들어낸 말도 있습니다만 기본이 같기 때문에 비슷하게 변화되었을 것입니다.

[1 0] 『삼국사기』 「지리지」에는 옛지명 '德頓忽(덕돈홀)'을 '十谷縣(도곡현)'으로 기록하고 있는데 옛날에는 10을 '덕(德)'이라 했

음을 알 수 있습니다.

덕 toku – too とお

[20] 이십(二十)

はたち … ふた＋ち

2를 뜻하는 「ふた」 가 「はた」 가 되었고 「ち」 는 10을 뜻하는 「と」 가 변한 것입니다.

[30] 삼십(三十)은 일본어로 「さんじゅう」 와 「みそ」 두 가지로 읽을 수 있습니다. 50을 「いそ」, 80을 「やそ」 라 하는 것과 같습니다. 여기서 「そ」 는 우리말 '손' 의 so에서 나온 것으로 손가락의 수가 10개이기 때문에 10을 나타냅니다.

[100] 고대에서는 '백' 은 매우 큰 수로 '모든 것' 으로 여겨지고 있었습니다.

모두   modo – mono – momo もも(百)
                    |

mina みな(皆)

한·일어 간에는 d – n – r 현상이 자주 있으며 한국인은 보통 土方을 '도가타' 가 아닌 '노가다' 로 발음합니다. 일본에서는 '武士' 를 「もののふ」 라고도 합니다. 일설에는 대대로 내려오는 무사집안인 모노노베씨(物部氏)와 관련이 있다고 하지만 아마도 「もののふ」 는 백 명의 남자, 즉 '군대' 를 뜻하는 것은 아니었나 하는 생각이 듭니다.

百歳(ももとせ) ~ ももとし

"百(もも)に千(ち)に人は言うとも…"(万3059)

백이라고도 천이라고도 사람들은 말하지만…

여기서 「百(もも)」는 'momo – modu 모두'와 관련되어 있습니다.

만엽가인(万葉歌人)들도 숫자와 친숙했던 것입니다.

[1000] '천'의 고대 가라어는 '즈믄'입니다. 한류 드라마로 일약 유명해진 주몽(朱蒙)의 이름은 처음에 '천 명의 장수'라는 뜻으로 붙여진 이름일 것입니다. (주몽을 두맨으로 대응할 때는 만)

기원 2000년에 태어난 아이를 '즈믄 둥이'라 하고 한자로는 '千童'이라 씁니다.

즈믄 chumon – chi ち(千)

'千'의 고대 일본어는 「ち」로, 일본에서는 '千鳥'를 「ちどり」라고 읽습니다.

八千代(やちよ)

[10000]

일본은 신이 많은 나라로 유명하며 「千八百万(ちやおよろず)」의 신이 있다고도 합니다. 八百万(やおよろず)의 「やお」는 八百屋(やおや)의 「やお」와 같습니다.

여기서 「よろず」는 한국어 '여러'와 관련이 있어 보입니다..

[多くの(많은), いろいろな여러)]

앞서 설명한 바와 같이 가라어 '여섯(6)'은 '여러'와 관련이 있습니다. 그리고 「よろず」의 「ず」는 수사 뒤에 붙는 일본 접미어 'つ'가 변한 것으로 볼 수 있습니다.

고대 한반도, 일본열도 사람들은 공통적으로 「もも, みな, もろ, 여러, 모두」를 썼음을 알 수 있습니다.

신라어와 백제어가 섞인 수수께끼의 시
- 일본어 통합의 과정

『일본서기』는 720년에 편집기술된 일본의 정사입니다. 그 기록은 틀림없이 편집자는 물론, 그 당시 대부분 사람들이 이해할 수 있는 말로 쓰였을 것입니다. 그러나 여러 방언이 섞여 있어 통일된 하나의 말을 쓰게된 후세의 사람들에게는 무슨 말인지 도무지 의미를 알 수 없는 것이 되고 말았습니다. 그중에는 「わざうた(풍자시)」로 불리는 노래가 기록되어 있습니다. 「わざうた」는 정치와 시사 등의 풍자를 목적으로 하는 노래로 그 당시에 유행했던 것입니다.

『일본서기』에는 전부 24수의 「わざうた」가 있습니다만 현재 그 중에서 전쟁을 하러 떠날 때 쓰여진 특별한 1수만은 의미가 애매하여 아직도 수수께끼로 남아 있습니다. 백제부흥 전쟁을 지휘한 여왕 사이메이(齋明) 대(7세기 말)의 것으로 천황의 정책을 비꼬는 것으로 당시에도 숨어서 노래한 다분히 은유적인 노래입니다. 그럼에도 불구하고 이러한 노래가 정사에 실린 이유는 『일본서기』의 편집을 명령한 텐무(天武) 천황이 전쟁을 추진한 형 텐지(天智) 정권을 쿠데타로 타도하고 조카를 죽여 정권을 탈취했기 때문에, 반전쟁파를 옹호할 필요가 있었기 때문입니다. 이때는 아직 일본 고유의 가나(かな) 글자가 없었으므로 다음과 같이 이두(만엽한자)로 씌어져 있습니다.

"摩比邏矩都能倶例豆例於能幣陀乎邏賦倶能理歌理鵝美和陀騰
能理歌美鳥能陸陀
鳥邏賦倶能理歌理鵝甲子騰和與騰美鳥能陸陀鳥邏賦倶能理歌
理鵝"

ma - hi - ra - ku - tsu - no-ku - re - do - re - wo - no - he - ta - wo - ra - hu - ku - no - ri - ka - ri - ga - mi-wa- ta - to
まひらくつのくれどれをのへたをらふくのりかりがみわたと
no - ri - ka - mi-wo - no-he - ta
のりかみをのへた
wo - ra - hu - ku - no - ri - ka - ri - ga - kou - si - to - wa - yo - to - mi - wo - no - he-ta - wo - ra - hu - ku - no - ri - ka
をらふくのりかりが甲子とわよとみをのへたをらふくのりか
ri - ga
りが

(岩波文庫『일본서기』坂本太郎ˊ家永三郎ˊ井上光貞ˊ大野晋・校註)

이 책의 주석을 담당했던 내로라하는 학자들도 "여러 설은 있으
나 아직도 해명을 얻지 못하고 있다" 고 하며 한마디로 '한반도에
출정나간 군(軍)은 성공하지 못한다는 것을 풍자한 노래임에 틀림
이 없다' 고만 할 뿐입니다. 사이메이 천황은 661년에 당과 신라의
연합군에 멸망 당한 백제를 부흥시키기 위해 한반도에 군대를 보냈
습니다만 싸움에서는 번번히 패했습니다.

또한 저명한 일본 역사가 우지타니 다카시(宇治谷孟)의 『일본
서기』의 해설에는, "등이 납작한 사내가 만든 산 위의 밭에 기러기
가 날아와서 (나락을) 먹어 치운다. 천황의 정치가 제대로 되어 있
지 않아서 기러기가 (나락을) 먹는 것이다. 명을 그대로 따르지 않
으므로 기러기가 (나락을) 먹는 것이다."고 풀이되어 있으며 한반도
에 나간 군인의 패배를 풍자한 시로 보고 있습니다만 아직 명쾌하
게 설명하지는 못하고 있습니다. 이 시가 지어진 지 약 500년 지난
가마쿠라(鎌倉) 시대의 저명한 학자 우라베 가네가타(卜部兼方)의

해석도, "사이메이는 천하를 손에 넣은 여왕으로서 그녀가 만든 농사로 비유된다. 기러기가 나락을 먹어치운 것과 같이 불길한 내용을 암시하며 백제에 보낸 군대가 괴멸한다는 노래이다"와 같이 해석하고 있습니다. 지금까지 거의 1000년 동안 이 노래에 관한 해석은 대부분 이 정도로 그쳤습니다.

이 노래는 분명히 7세기 중엽의 일본어로 씌어졌습니다. 그러나 이 무렵에는 일본어가 통일되어 있지 않은 상황이었으며 한반도의 여러 방언이 범람하던 때였습니다. 이 노래의 해석이 난해한 것은 바로 일본어(백제어)에 「甲子(コシ) 꼬시다」^{ko-si}, 「トワ 도우다」^{to-wa} 등 백제계와 야마토어가 아닌 신라계의 낱말이 섞여있기 때문입니다. 먼저 단어를 하나씩 생각해 봅시다.

(1) 摩比邏矩都能倶例豆例 まひらく／つ／の／ぐれつれ
^{ma-hi-ra-ku   tsu   no   gu-re-tsu-re}

● 「まひらく」^{ma-hi-ra-ku} - '크게 벌리다' 라는 뜻입니다. 「まひらく」^{ma-hi-ra-ku} 의 「ま」^{ma} 는 한국어에서 '막바로, 막일' 의 '막' 과 같이 받침 'ㄱ' 이 탈락되어 「真開く(완전히 막 벌리다)^{ma-hi-ra-ku}, 真平(완전히 평평함)^{ma-hi-ra}, 真すぐ(똑^{ma-tsu-su-gu}바르게, 막바로)」 등의 접두어로 쓰였습니다.

「ひら(く) hira - hara - boru 벌(리다)」

이와 같이 「ひら」^{hi-ra} 와 '벌' 은 어원이 같습니다.

● 「つ」^{tsu} 는 「도(都)」가 변한 것입니다. 일본 도치기현(栃木県)에 있는 우츠노미야(宇都宮)의 '츠(つ)' 는 원래 '토(と)' 로 「うとのみや」^{u-to-no-mi-ya} 였습니다.

港　┌─ 가라어　나루터
　　└─ 야마토어　みなと^{mi-na-to}

보기: 難波津의 津(Ⅲ장 왕인의 「難波津の歌」 참조)은 항구를 뜻하는 가라어 나루터의 '터' 와 야마토어 みなと의 「と」 의 발음이 변하여 같은 뜻의 야마토어 「津(진·つ)」 가 되었습니다.

● 「ぐれ」 「くれ kure – 굴(穴,口) – くち kuchi(口)」
● 「つれ」 「づれ – つれ – 또래 – 들(連,達,복수를 나타냄)」

'들' duru ┌ turu – tachi たち 達
        └ domo – ども 共

와 같이 두 가지로 변합니다만 뜻은 같습니다. 즉,「くれどれ – 口達」 로 '구달 kudal – kuldul 굴들 – kuredore くれどれ(입 들)' 와 같이 변화합니다. (일본어에는 받침이 없으므로 한국어 낱말 위 받침은 탈락합니다)

– まびらく 「つ」 のくれぐ – 한자를 곁들여 표기하면 '真開け 津の口々'

大きく港の口々を開け: 크게 항구의 문을 모두 열어라

(2) 於能幣陀乎 を／の／へたを
● 「を」 는 자기자신을 나타내는 말로 「己(おのれ)」 또는 「各」 를 뜻하며, 「へた」 는 '물가의 좁은 땅' 입니다.

가 ka … he へ, 토(土) to … ta た

따라서 '물가의 좁은 터' 가 됩니다.

「へた – えだ eda – heji – kaji かじ(枝)」 와 같이 해석할 수도

h – k

있습니다만 물가에 서식하는 기러기의 습성을 생각할 때 '좁은 땅' 으로 보는 것이 올바른 풀이입니다.

(3) 邏賦倶能理歌理鵝 らふく／のり／かりが

● 「らふく」

한·일어에서는 공통적으로 어두에 나오는 '라(ら)' 는 '나 (な)' 로 변하기 때문에 여기에서도 「らふく-なふく-なびく」 로 변화합니다. 「ら+ふく」 의 「ら」 는 「羅」 이며 이것은 얇은 비단천을 뜻합니다. 얇은 천은 바람에 날려서 흐트러집니다. 그러므로 이것은 가라어 '나부끼다' 와 같은 말입니다.

「나부끼(다) - なふく」- 바람에 날리다

불(다) buru - huku ふく(吹く)

「のり(乗り) nori - nari - nara 날아」

- 「風に吹かれとぶ雁に」: 바람에 나부끼며 나는 기러기에게

「なびくとび - なびきとび」 - 나부끼며 나는

● かり(雁) kari - kiro 기러(기)

" なびく雁に": 나부끼는 기러기에게 - '기러기' 에는 '고향으로 돌아간다' 는 뜻도 있습니다.

風に吹かれとぶ雁に:

바람에 날려 돌아오는 기러기 (패잔병)들에게

(4) 美和陀騰能理歌美 み／わど／のり／がみ

● 「み mi - bi 비」- 雨

● 「わど wado - わた(海) wata - bada 바다」

「み+わど」- 雨の海: 비 바다

● 「のり – 乗り」:날아, 여기에서는 '건너' 로 해석

● 「がみ gami – かみ kami – こみ komi – koe こえ(越え)」
: 넘어

雨の海ものりこえ: 비 바다도 건너

(5) 甲子騰和與騰美 甲子／とわ／よとみ
_{ko-si   to-wa   yo-to-mi}

● 「(甲子)こし kosi – kusi くし(奇し)」

일본어에서 「くし(奇し)」란 신의(神意)가 깃든 것을 나타냅니
다. 오늘날 한국어에도 '굿' 이라는 단어가 있습니다만 이것도 마찬
가지입니다. '굿' 은 '고시–꼬시(다)' 가 되어 '신을 어르다' 라는 뜻입
니다.

● 「とわ towa – とは toha – たす tasu – tasuke たすけ(助け)」

한국에서는 1+1=2를 '1 더하(기) 1 = 2' 이라고 하며 일본에서는
'1 たす 1 = 2' 라고 합니다.

즉, '더하(다)' 는 일본어 'たす足す– たすけ(助け)' 로 변해 '돕다'
는 뜻을 나타냅니다.

더하(다)　toha – tasa – tasi たし

h → s

o → a (모음변화)

● 「よとみ」＝「淀」 는 '물에 휩쓸리지 않고 간신히 살아남음' 을
의미합니다.

「よどみ yodomi – nodomi – nokori のこり(殘り)」

y – n

namumi 나무미

奇しのたすけにとどまり　神のたすけで生残り: ka-mi-no-ta-su-ke-de-i-ki-no-ko-ri

신의 도움으로 살아남아

【전문 의역】

　　모든 항구의 입을 크게 열어 놓아라 바람에 날려 돌아오는 패잔병들에게 저마다의 쉼터를 비 바다 넘어 바람에 날려 돌아오는 패잔병들에게 각자의 쉼터를 신의 도움으로 살아남아 바람에 날려 돌아오는 패잔병들에게 각자의 쉼터를

　　大きく全ての港の入り口を開いておけ

　　乱れ飛びかえるかり　各々に安息所を

　　雨の海乗り越え帰る 乱れ飛びかえるかり 各々に安息所を

　　奇しきたすけに生き残り 乱れ飛びかえるかり 各々に安息所を

　　주제 넘습니다만 이 노래의 해석은 제가 처음으로 성공한 것이라 자부하고 있습니다. 어떻게 해서 기라성과도 같은 학자들이 두 손 든 수수께끼를 제가 해낼 수 있었던 것일까요? 지금까지 많은 학자들은 일본어의 범위에서만 해석하고자 시도했기 때문일 것입니다. 저는 처음부터 한·일어를 하나의 시각으로 보고 특히 신라어계와 백제어계의 낱말에 주목했기에 가능했습니다.

　　저는 이것을 풀이하면서 제2차 세계대전 후 전지에서 겨우겨우 목숨을 건져 돌아오는 여원 병사들의 모습이 떠올랐습니다. 백제의 땅에서 신라·당 연합군에 패하고 돌아오는 병사들의 모습도 그에 못지않게 비참했을 것입니다. "질 것이 뻔하다, 빨리 안심하고

쉴 수 있는 곳을 준비해라"라고 하는 절실한 마음이 담겨 있습니다.

이 노래에 담긴 마음을 확실하고도 알기 쉽게 노래한 것은 메이지(明治) 시대의 유명한 여류시인 요시야노 쇼코(興謝野晶子)가 러·일전쟁 때 전지로 떠나는 동생을 생각하며 노래한 「君死にたまふこの勿れ(님이여 죽지 마시옵소서)」 시가 있습니다.

일본은 역사 이래 번번이 해외에 나가 전쟁을 벌여 왔는데 전사하지 말 것을 당부하는 시가 공공연하게 알려진 것은 이것이 처음입니다. 그러나 이미 그보다 1300년 전에 같은 뜻을 품은 패전을 미리 내다본 반전시가 있었던 것입니다. "역사는 되풀이 된다" 는 경구를 실감합니다.

참고문헌

저자	저서명	출판사	출간연도
洪起文	吏讀研究	과학출판사	1957
金富軾저/金鐘權 역	三国史記	광조출판	1979
一然 저/崔虎 역	三国遺事	홍신출판	2002
李基白	韓国史新論	일조각	1992
李廣祐	韓国語의 発音研究	일조각	1997
한국정신문화연구원	한국민족문화대백과사전 전27권	한국학중앙연구원	1991
이남덕	한국어 어원연구 전4권	이화여자대학교 출판부	1985
江上波夫	騎馬民族国家	中央公論社	1978
江上波夫/森浩一	対論 騎馬民族説	德間書店	1982
江上波夫/梅原猛/上山春平	アイヌと古代日本	小德館	1982
小倉新平	郷歌及び吏読の研究	亜細亜文化社	1974
黒田龍之助	はじめての言語学	講談社	2004
ジャン.ペロ 저/高塚松太郎 역	言語学	白水社	1998
酒井邦嘉	言語の脳科学	中央公論社	2007
風間喜代三	言語学の誕生	岩波書店	1993
藤本義一・外	方言と共通語	河出書房新社	2009
丸山圭三郎	言葉と無意識	講談社	1987
坂本太郎/家永三郎/井上光貞/大野晋 교주	日本書紀 全5巻	岩波書店	2007
宇治谷孟	日本書記全現代語訳 上下	講談社	1988
武田祐吉 역주/中村啓信 보정・해설	新訂 古事記	角川書店	1984
倉野憲司 교주	古事記	岩波文庫	1963
次田真幸	古事記 全訳注 上中下	講談社	1977
佐々木信網 偏	新訂 万葉集 上 下	岩波書店	2006
中西進	万葉集全訳注原文付 全4巻	講談社	1980
佐竹昭・外	萬葉集 本文篇	塙 書房	1963
佐伯梅友 校注	古今和歌集	岩波書店	2006
青木和夫・外 교주	続日本紀 新日本古典文学大系 全5巻	岩波書店	1989
石原道傳編 역	新訂魏志倭人伝・後漢書倭伝・宋書倭国伝・隋書倭国伝中国正史日本伝(1)	岩波書店	1985
楠原祐介・外 편저	古代地名辞典	東京堂出版	1997
姜斗興	吏読と万葉仮名の研究	和泉書院	1982
諸橋轍次・外 편	大漢和辞典	大修館書店	1965
大野晋・外 편	古語辞典	岩波書店	1998
新村出 편	広辞苑	岩波書店	1983
東條操・外 편	全国方言辞典	東京堂出版	1999
村山七郎	日本語の起源と語源	三一書房	1988
宋敏 저/菅野裕臣・外 역	韓国語と日本語の間	草風館	1999
金芳漢 저/大森直樹・外 역	韓国語の系統	三一書房	1985
亀井孝・外 편	日本語の歴史 全6巻	平凡社	2007
김선기	향가의 새불이	보성문화사	1993
大野晋	日本語はいかに成立したか	中央公論社	2002
	日本語の起源	岩波書店	1994
	日本語の年	新潮書店	2006
	日本古代語と朝鮮語	毎日新聞社	1975
金思燁	古代朝鮮語と日本語	明石書店	1998
	記紀万葉の朝鮮語	六興書店	1990
金沢庄三郎	日鮮同祖論	成甲書房	1978
金沢庄三郎	日韓古地名の研究	草風館	1994
井上秀雄・外 교주	東アジア民族史 Ⅰ	平凡社	1992
高島俊男	漢字と日本人	文芸春秋	2001
白川静	漢字百活	中央公論社	2002
笹原宏之	日本の漢字	岩波書店	2006
西郷信網	日本の古代語を探る	集英社	2005
片山龍峯	日本語とアイヌ語	すずさわ書店	1993
金東昭 저/栗田英二 역	韓国語 変遷史	明石書店	2003
韓国教員大学歴史教育科 저/吉田光男監 역	韓国歴史地図	平凡社	2006

김민배(TV조선 대표이사)

『천황은 백제어로 말한다』, 김용운 박사가 2009년 내놓아 한일 양국의 전문가를 깜짝 놀라게 했던 명저(名著)이다.

그 책이 선을 보인 지 12년 만에, 또 그의 타계 1주기를 기념해 재발간된 것을 축하한다. 더구나 생의 마지막 순간까지 책을 집필하면서 지식인의 길, 학문의 길이 무엇인지를 온몸으로 보여준 '인간 김용운'을 존경하는 제자가 재발간을 기획하고, 실천에 옮긴 것 또한 가슴을 저미게 한다.

수학자 김용운은 5개 국어(영어 · 독일어 · 중국어 · 일본어 · 한국어)를 할 줄 아는 언어의 달인(達人)이었다. 그래서 언어와 수학을 무기로 인류의 역사, 국가 흥망(興亡)의 흐름을 짚어내는 통찰력을 발휘해 왔다. 전 세계의 언어는 3,000여 개. "언어의 상황은 곧 그 시대 원형의 현주소이다. 따라서 언어의 상태를 냉철하게 분석해 보면, 세계 속에서 그 나라의 위상이 어느 정도고, 국격(國格)은 어떠한지 정확하게 가늠해 볼 수 있다." 그가 이 세상을 떠나기 2년 전인 2018년 내놓은 또 다른 역작(力作) 『역사의 역습』에서 이렇게 말했다.

도쿄에서 태어나 와세다대학을 나온 그가 '한국과 일본의 언어의 역사'에 대해 주목한 것은 흥미롭다. 이 저작은 김용운의 그런 특징이 유감없이 발휘된 축적물이자, 한국과 일본의 수천 년 역사적 뿌리를 언어를 통해 파헤치는 문명 추적기이다. 또 고대 일본의 천황가와 백제의 왕가(王家)가 한 뿌리였다는 것을 한 · 중 · 일, 3국의 고서를 근거로 제시한다. 탐정소설과 같은 문제 제기와 그의 해석이 책 전편에서 흥미진진하게 이어진다. 한 · 일, 두 나라의 고대사와 언어에 대한 상당한 지적 해석력이 없이는 소화하기가 무척 어렵다.

김용운이 말하는 포인트는 분명하다. "6~7세기 백세의 담로였던 일본의 아스카왕조(飛鳥王朝)와 백제왕가는 친척관계(실제로는 백제의 분국)에 있었고, (일본) 궁중에서는 백제어를 사용했다." "오진왕 이래 8세기 천무(天武)의 대까지 항상 백제 왕자들이 왕들의 측근에 있었다. 나아가 백제계 학자는 평소 백제어를 사용하면서 백제식 훈독을 (일본에) 보급시켰다." "특히 문자에 관해서는 백제식 이두와 훈독법이 (일본에) 일방적으로 보급된다."

백제의 이두 표기가 일본으로 전해지고 일본식 훈독법이 정착하는 과정은 중국 한자(漢字)를 훈독식으로 옮기는 과정에서 한국어와 일본어의 뿌리가 갈라진다고 그는 설명한다. 이후 한국어는 신라어를 바탕으로 해 한자를 음독식으로 옮기게 되어 두 나라의 언어가 다른 길을 가게 됐다는 것이다.

김용운은 기본 언어인 1에서 10까지의 일본 수사가 전부 한반도의 옛말과 일치함을 근거로 제시한다. 또 일본서기에 남아있는 24개의 풍자시 가운데 아직도 해석이 아리송한 '수수께끼의 한 수'를 신라어와 백제어로 해석해 낸다. 그의 새 해석에 대해 일본 학자들은 고개를 가로 젓는다. 김용운은 두 나라 후학들에게 '중요한 숙제'를 던진 셈이다.

한일 고대사, 특히 백제와 일본의 고대사는 곳곳이 의문투성이다. 고대 일본 천황가와 백제의 왕가가 혈연(血緣)의 고리로 연결돼 있다는 것은 1971년 부여 무령왕릉 발굴 때는 물론, 양국에서 근거가 쏟아지고 있다. 2019년 5월 물러난 아키히토(明仁) 일왕은 기자회견에서 "나 개인적으로는 간무 천황(일왕)의 생모가 백제 무령왕의 자손으로 '속일본기(續日本記)'에 기록돼 있어 한국과 인연을 느끼고 있다"라고 실토한 바 있다.

독자 여러분, 김용운 박사가 제시한 1,500여 년 전 한국과 일본의 고대 언어의 세계로 들어가 지적(知的) 여행을 시작합시다!

강성재(아시아문화경제진흥원 이사장)

선생님을 뵌 지가 바로 엊그제 같습니다. 그런데 영면하신 지 벌써 1주년을 맞았습니다. 지금은 대한민국의 산천초목을 굽어 살펴보고 계실 것입니다. 경륜과 품격을 고루 갖춘 우리 선생님께서는 저의 시대적 사명과 책무를 세심하게 인도하여 주신 멘토이자 스승이셨습니다. 또한 선생님과 저는 아버지와 아들 사이로 인연을 맺어 왔습니다. 늘 넓은 아량과 값진 덕목으로 애정 어린 훈육을 쏟아부어 주셨습니다.

선생님은 다재다능, 박학다식하셨던 분이셨습니다. 1983년 한국수학사학회를 창립하는 등 당대 최고의 수학자로 활약하셨습니다. 물론 역사와 철학, 문명 비평에 이르기까지 폭넓은 분야에서 활약했던 선생님 모습이 눈앞에 생생합니다. 전공 분야에만 매몰되지 않고 인문학까지 넘나들며 200여 권에 달하는 저서를 남겼습니다.

1927년 일본 도쿄에서 태어나신 선생님께서는 일본 전문가로도 폭넓은 식견과 통찰력을 겸비하신 분이셨습니다. 와세다대학에서 공부하고 고베대학과 도쿄대학, 일본 국제문화연구센터 객원교수를 하면서 일본을 연구하셨지요. 금번 김용운 선생님의 추모 1주기를 맞아 재발간한 책,『천황은 백제어로 말한다』는 현대 일본어의 기원이 백제어라는 분석을 담고 있습니다. 뿐만 아니라 선생님께서는『한국어는 신라어, 일본어는 백제어』,『한국인과 일본인』,『일본의 몰락』등 일본어로 펴낸 책도 무려 수십여 권이나 됩니다. 출간마다 큰 파장을 일으켰지요.

『개인의 이성이 어떻게 역사를 바꾸는가』는 투병 중에 쓰신 선생님의 마지막 저서입니다. 선생님께서는 국가의 이익을 최우선에 두는 '국가 이성'을 우리 마음에 새겨 주셨습니다. "양국 갈등 관계를 조장하는 정치인들의 언행, 이들의 구태적 외교 방식은 이성을 잃어버린 것"이라며 이제라도 이성을 되찾고 어떤 것이 국익에 부합하는 것이냐를 고민

해야 한다고 거듭 호소하셨습니다.

조선과 고려의 문신이자 외교관이었던 신숙주와 서희처럼, 국익을 최우선으로 생각한 실용주의자들의 정신을 잊지 말라고 말씀하셨던 선생님! "독일과 프랑스는 백년전쟁을 비롯해 수차례 전쟁을 했지만, 지금은 EU 안에서 협력하고 있다"라며, '상호호혜와 존중으로 수놓아진 역사의 순리적 발전 방향'으로 과감성 있게 전진할 것을 연신 촉구하셨지요.

야스쿠니신사 참배, 독도 영토 도발, 일본군 위안부 등 과거사 문제, 일관된 역사 수정주의를 포기하지 않고 있는 일본과 새로운 한일관계 재정립이 필요한 이때에 선생님의 한일 관계 뿌리와 근원을 탐색한『천황은 백제어로 말한다』책은 의의가 깊습니다. 선생님의 혜안과 통찰력은 놀라움과 경이감 그 자체로 다가오고 있습니다.

또한 김대중 대통령 시절 일본 대중문화 개방에 음양으로 초석을 놓으신 선생님! 한일 양국을 뛰어다니시는 모습이 눈에 선합니다. 저희는 선생님께서 남기신 높은 뜻과 정신을 되새기어 한층 성숙된 한일 민간외교 발전을 위해 더욱 열심히 노력하겠다는 결의를 새롭게 다져봅니다. 선생님의 다양한 능력뿐만 아니라 다른 사람을 배려하시고 관대하게 대해 주시는 따뜻한 인품은 저희로 하여금 선생님을 더욱 존경하게 했습니다. 선생님께서는 아직도 인자하신 모습으로 바로 제 곁에 계시는 듯한 느낌입니다. 여전히 그립고 사랑하고 존경하고 있습니다. 함께한 시간이 참 행복했습니다. 선생님에 대한 그리움이 사무치는 아쉬움 속에서 이 책이 모든 분께 조금의 위로와 용기와 사랑을 얻는 데 도움이 되었으면 합니다.

선생님은 여전히 살아서 우리와 함께 계십니다.